AGNES HELLER

Coleção Educação e Conhecimento

Coordenador: Antônio Joaquim Severino

- *John Dewey – Uma filosofia para educadores em sala de aula*
Marcus Vinícius da Cunha
- *Vygotsky – Uma perspectiva histórico-cultural da educação*
Teresa Cristina Rego
- *Henri Wallon – Uma concepção dialética do desenvolvimento infantil*
Izabel Galvão
- *Edgar Morin – A educação e a complexidade do ser e do saber*
Izabel Cristina Petraglia
- *Agnes Heller – Filosofia, moral e educação*
Maria Helena Bittencourt Granjo
- *Célestin Freinet – Uma pedagogia de atividade e cooperação*
Marisa Del Cioppo Elias
- *Comênio – A emergência da modernidade na educação*
João Luis Gasparin
- *Richard Rorty – A filosofia do Novo Mundo em busca de mundos novos*
Paulo Ghiraldelli Júnior
- *Adorno – O poder educativo do pensamento crítico*
Bruno Pucci, Newton Ramos de Oliveira, Antônio Álvaro Soares Zuin
- *Maquiavel – Educação e cidadania*
Lídia Maria Rodrigo
- *Ortega y Gasset – Uma crítica da razão pedagógica*
Juan Guillermo Droguett
- *Friedrich Froebel – O pedagogo dos jardins-de-infância*
Alessandra Arce
- *Norbert Elias – Formação, educação e emoções no processo de civilização*
Carlos da Fonseca Brandão
- *Bachelard – Pedagogia da razão, pedagogia da imaginação*
Elyana Barbosa e Marly Bulcão
- *Giambattista Vico – A filosofia e a educação da humanidade*
Humberto Guido
- *Max Weber – Modernidade, ciência e educação*
Alonso Bezerra de Carvalho
- *Rousseau – Educação: máscara e o rosto*
Marlene de Souza Dozol
- *Anísio Teixeira – Experiência reflexiva e projeto democrático: a atualidade de uma filosofia da educação*
Pedro Angelo Pagni
- *Agostinho – Educação e fé na cidade de Deus*
Eduardo Antônio Jordão
- *Emilia Ferreiro – Uma concepção do desenvolvimento da escrita na criança*
Marilia Claret Geraes Duran
- *Pierre Bourdieu – Educação para além da reprodução*
Nadia G. Gonçalves e Sandro A. Gonçalves
- *Matthew Lipman – Educação para o pensar filosófico na infância*
Cláudio Roberto Brocanelli

Maria Helena Bittencourt Granjo

AGNES HELLER

Filosofia, moral e educação

EDITORA VOZES

Petrópolis

Rua Frei Luís, 100
25689-900 Petrópolis, RJ
Internet: http://www.vozes.com.br
Brasil

Editoração e org. literária: Renato Kirchner
Capa: Marcos Mattos

ISBN 978-85-326-1587-9

Dados Internacionais de Catalogação na Publicação (CIP)
(Câmara Brasileira do Livro, SP, Brasil)

Granjo, Maria Helena Bittencourt

Agnes Heller : filosofia, moral e educação / Maria Helena Bittencourt Granjo. – 5. ed– Petrópolis, RJ : Vozes, 2011.

Bibliografia.

1. Filosofia moderna – Século 20 2. Heller, Agnes, 1929 I. Título.

08-06333 CDD-190

Índices para catálogo sistemático:
1. Filosofia moderna 190

Este livro foi composto e impresso pela Editora Vozes Ltda.

Sumário

Introdução

A importância de se estudar a obra de Agnes Heller, nome de projeção internacional na filosofia contemporânea, prende-se às dificuldades do momento em que vivemos, no qual a crise das ortodoxias e das grandes teorias explicativas apontam para a necessidade de se buscar novos caminhos. A própria Heller tem muito presente essa questão:

"Num intervalo muito curto vivemos o final da ideologia, o final da religião, o final do marxismo, o final da cientificidade e o final do evolucionismo" (Heller, 1989:153).

Por outro lado, grande interesse pela obra da filósofa têm demonstrado os pesquisadores brasileiros da educação, fato de sobra atestado pelos trabalhos que estão surgindo nessa área, pautados na compreensão da cotidianidade. Entre eles podemos mencionar: *A produção do fracasso escolar*, de Maria

Helena S. Patto; *Cotidiano e escola – Obra em construção*, de Sonia Penin; e *Cotidiano escolar: prática pedagógica e saber docente,* de W. Rodrigues Valente. Cumpre lembrar ainda que não apenas no Brasil, mas em outros países, como é o caso do México, os estudos a respeito da cotidianidade já criaram tradição.

Discípula de Lukács, talvez a figura mais conhecida e prestigiada da Escola de Budapeste, Heller nasceu na Hungria em 1929 e traz, como experiência de vida, não apenas a do mundo soviético no qual viveu até 1978, mas também aquela do mundo capitalista, onde tem atuado a partir de então, inicialmente na Austrália e, mais tarde, nos Estados Unidos. Sua obra, vastíssima, e de projeção internacional, é formada, até o momento, por trinta e um livros e aproximadamente cem artigos.

A produção da autora é tão vasta que impossibilita o tratamento individualizado de cada um de seus trabalhos. A grosso modo podemos classificar as suas obras em dois grandes grupos, aquelas ligadas à história da filosofia e as outras em que são desenvolvidas as reflexões da filósofa. No primeiro grupo, podemos apontar trabalhos de indiscutível valor, nos quais a autora deixa patente não apenas uma grande erudição, mas ainda o domínio dos conceitos e capacidade de análise. Entre estas devem ser destacadas *O homem do Renascimento* (1982), *Aristóteles y el mundo antiguo* (1983) e *Crítica de la Ilustración* (1984).

Quanto às obras do segundo grupo, faz-se necessário destacar aquelas que tratam da cotidianidade, uma vez que esse é o ponto em torno do qual gira toda a sua argumentação e que serve de fundamento do paradigma que propõe para as ciências sociais. Seus mais profundos estudos a respeito do assunto são *Sociologia da vida cotidiana*, cuja primeira edição húngara data de 1970; *The power of shame*, publicado em 1989, no qual o tema do cotidiano é associado ao da racionalidade. Outros estudos importantes são aqueles ligados à teoria das necessidades, tema de que Heller trata em *Teoria das necessidades em Marx* (1974) e que, de uma ou de outra forma, retoma nos estudos posteriores. Dado o objetivo desse trabalho, é das obras do segundo grupo que nos ocuparemos especialmente.

Ao desenvolver seus temas centrais, a *teoria do cotidiano* e a *teoria das necessidades*, Heller irá colocando as vigas-mestras a partir das quais desdobrará suas demais preocupações, com a moral, a história, o destino das esquerdas, a modernidade e a pós-modernidade, os valores, a práxis. É mulher do tempo presente, atenta às crises de nossa época, que não se furta a debater as mais variadas questões.

Impossível é, entretanto, falarmos da filósofa como se sua obra se constituísse em um todo homogêneo. A partir de 1978, quando deixou a Hungria, começou a percorrer caminhos que a afastaram cada vez mais de suas origens, da obra de Lukács e mesmo da teoria de Marx. A distância sempre maior que se tem aberto entre Heller e sua tradição inicial, bem como o fato de não explicitar aqueles que são hoje seus pressupostos teóricos, a deslocaram cada vez mais do lugar de pensadora capaz de oferecer pistas para a atual crise do pensamento e dos paradigmas, para o de expressão cabal dessa mesma crise. Afigura-se, entretanto, interessante estudar sua obra, para exatamente, através dela, desvendar os contornos e conteúdos da referida crise.

Dada a dimensão da produção de Heller e os objetivos do nosso estudo, julgamos mais proveitoso caminhar dos temas para a explicitação das obras, que o caminho inverso. No primeiro capítulo, abriremos o leque das preocupações mais constantes na autora, enquanto que reservaremos os dois capítulos seguintes ao aprofundamento dos dois temas principais, de certa forma presentes em toda a sua produção: a questão do cotidiano e a teoria das necessidades.

Com relação aos textos citados, esclarecemos que quando estes foram encontrados em português, foi usada essa edição, quando não, foram traduzidos para facilitar a leitura.

Capítulo I

HELLER, MARX E A ANÁLISE DO COTIDIANO

O presente capítulo tem como objetivo fazer uma apresentação de Heller e levantar algumas das questões que a leitura de sua obra suscita. Afigurou-se-nos imperioso, que iniciássemos o trabalho dando uma idéia da amplitude dos horizontes tocados por Heller, apontando, ainda, seus principais temas e preocupações.

Agnes Heller indica como impulsos positivos que a levaram a se preocupar com a vida cotidiana, de um lado, a obra estética de seu mestre Lukács e, de outro, o desligamento apontado por Husserl entre a linguagem da ciência moderna e a "atitude natural". Como impulsos negativos, menciona as obras de Hegel e Heidegger; o primeiro, na medida em que expulsa da filosofia o cotidiano, e o segundo, por captar nele apenas o aspecto negativo e alienado.

Parece-lhe, já quando escreveu *Sociologia da vida cotidiana,* inadequada à formulação do socialismo com base nas estruturas políticas e econômicas. Para Heller, Marx estava fundamentalmente interessado em que cada indivíduo se apropriasse da riqueza. As interpretações estruturalistas do marxismo parecem-lhe resíduos da filosofia hegeliana da história. Marx aspiraria à supressão da alienação, à apropriação da riqueza social da totalidade da cultura por cada indivíduo. A revolução proposta seria apenas o instrumento a partir do qual dever-se-ia instalar uma transformação concreta na vida de cada um.

Se essa posição contribui para afastá-la não apenas das positivações, mas também das visões estruturalistas do pensamento marxiano, talvez induza Heller a aproximar-se do existencialismo. Tal hipótese é reforçada por sua determinação em polemizar com a tradição *essencialista*, contra a qual investe, afirmando ser a essência humana o ponto de chegada e não de partida, o resultado das influências sociais e das respostas dos indivíduos a elas.

Há passagens inteiras nos escritos de Heller que poderiam, com certa facilidade, ser atribuídas a algum filósofo existencialista; talvez não a Kierkegaard ou Heidegger, mas possivelmente a Sartre ou Merleau-Ponty. Em um de seus mais recentes trabalhos, fala da possibilidade de se combinar a filosofia social com a filosofia existencial e, a partir daí, analisa a situação das *pessoas precipitadas num mundo concreto por circunstâncias de nascimento*. O homem atirado a esse mundo, tão contingente quanto ele, deveria realizar-se, construir-se a partir de situações postas. É a pessoa que *faz sua vida* e, nesse sentido, *faz-se a si mesma*.

1. QUESTÃO DOS PARADIGMAS

A análise do cotidiano é, ainda hoje, centro das preocupações da filósofa. Ainda que a primeira edição de seu mais extenso trabalho sobre o assunto date de 1970 (*Sociologia de la vida cotidiana*), referências ao tema são freqüentes em escritos mais recentes. Em *The power of shame*, publicado em 1985, quando trata daquilo que considera ser confusão entre os *paradigmas do trabalho e da produção* na obra de Marx, dá bem a medida da importância que atribui ao estudo do cotidiano. Afirma que nunca lhe pareceu clara a distinção entre os dois paradigmas tanto nos escritores marxistas, quanto no próprio Marx. Este, apesar de ter-se fixado inicialmente no paradigma do trabalho (*Manuscritos econômico-filosóficos*), foi, aos poucos, caminhando no sentido de priorizar a produção (*O capital*).

Diz Heller que a adoção do paradigma do trabalho constitui-se na aplicação do modelo estrutural trabalho-atividade a todo o tipo de atividade humana. Por trabalho deve-se entender a atividade livre, consciente, universal, e para-si, na qual se objetivam a existência humana e a vida não alienada. De outro tipo é o trabalho alienado, a partir do qual a própria vida se aliena e que emerge da sociedade capitalista. Ao reduzir a estrutura do trabalho à atividade conduzida racionalmente por instrumentos, continua Heller, abriu-se caminho para a identificação do trabalho com a produção socialmente necessária.

O paradigma da produção já não traz a identificação de todas as atividades da vida humana com o modelo trabalho, mas prioriza a produção sobre todas as formas de comunicação e interação humanas. A análise do processo do trabalho colocou as bases antropológicas do paradigma da produção, que ganhou primazia sobre todas as formas de comunicação e inter-relações humanas. Dentro desse último paradigma, o sujeito tornou-se epifenômeno, enquanto que no primeiro servia a um modelo estrutural.

De acordo com Heller, "Marx optou pelo paradigma da produção premido pela necessidade de construir uma filosofia da história. "Escolhida como diretriz da história e tomada como variável independente, a produção garantiria para Marx a realização do futuro desejado, preconizando a queda do capitalismo e a construção do socialismo. O fato, entretanto, de o reino da produção ser considerado o reino da necessidade alienada (mesmo na sociedade comunista) teria levado Marx e seus seguidores a tentarem combinar os dois paradigmas, ainda que incorrendo nos maiores problemas teóricos.

Do ponto de vista de Heller, se o paradigma da produção é inadequado, o do trabalho também não satisfaz, uma vez que reduz a explicação de todas as ações humanas à analogia com a ação individual (trabalho). Se o paradigma da produção leva a considerar a intersubjetividade como desenvolvimento de uma força "pseudonatural", o paradigma do trabalho supõe que a intersubjetividade seja formada unicamente de atos individuais com tendências teleológicas. No primeiro caso, teríamos o *positivismo historicizado*, enquanto que, no segundo, o *materialismo cartesiano*.

Diante da insuficiência de cada um dos paradigmas tomados isoladamente e da falha constante nas iniciativas de unificá-los, *Heller propõe uma terceira opção*. Acredita que seja possível combiná-los no âmbito de um terceiro paradigma, não idêntico aos primeiros, mas capaz de contê-los. Propõe que se aceite como paradigma a *estrutura da objetivação, a esfera da objetivação em-si*, que considera a "*espinha dorsal da vida cotidiana*", uma vez que todo homem deve dele apropriar-se para viver em sociedade. Tal paradigma é visto como garantia da possibilidade de se construir uma teoria da práxis. O paradigma indicado seria formado por três elementos: o uso dos objetos, a observação dos costumes culturalmente definidos e a linguagem, além do que, incluiria a intersubjetividade individualmente apropriada. Esse paradigma não definiria estruturas, mas seria capaz de acolher em seu interior várias estruturas. Pensa Heller que, dentro dele, todos os paradigmas até hoje aceitos pela filosofia – trabalho, produção, inter-relações, vida, cultura – ganhariam unidade.

Esse terceiro paradigma não teria utilidade para a filosofia da história, uma vez que a esfera das objetivações em-si produz apenas a necessidade de mudança, mas não lhe dá um rumo ou norte. Poderia favorecer a *elaboração de uma teoria da ação* que Heller pensa como algo a ser ainda construído. *Parece estar aí o cerne da proposta de Heller; não pretende edificar um sistema sociológico.* Nesse campo ampara-se nos trabalhos de Marx, de Weber e de Lukács; *propõe-se, isso sim, a construir uma teoria da práxis social. Daí sua preocupação com o cotidiano.*

2. MARX E HELLER

É necessário, entretanto, uma análise mais precisa da sua relação com Marx, de modo a se distinguir as posições de Heller em dois períodos: antes e depois de 1978. Se inicialmente guardava frente a Marx uma atitude de independência, com ele, entretanto, parecia concordar nos aspectos fundamentais. Se não aceitava o materialismo histórico, sobretudo na medida em que era tido como instrumento para predição infalível do futuro, parecia guardar da realidade uma visão dialética em padrões bastante compatíveis com a dialética marxiana. Refere-se, por exemplo, dessa forma à questão da propriedade privada, aos indivíduos como seres de classe, ao papel do proletariado, à filosofia marxista como devendo ter um papel decisivo na "*regulação da vida cotidiana*".

Afirma que no comunismo, ao ser suprimida a propriedade privada, dar-se-á a unidade entre essência e ser, de tal forma que cada homem poderá desenvolver conscientemente todas as suas faculdades genéricas. Afirma, igualmente, que a condição primeira para se chegar a indivíduos representativos é que a classe a que pertencem seja uma classe histórica. Pondera, ainda, que um proletário, para o marxismo, só estará trabalhando para a libertação do proletariado na medida em que tiver alcançado um bom nível de consciência de classe: deverá pretender conscientemente a libertação, não apenas de sua classe, mas também de toda a humanidade, estando, para a consecução desse fim, disposto a aceitar o sistema de valores e as exigências da comunidade. É sua opinião ainda que, a partir da vitória dessa luta, dever-se-á estabelecer um mundo sem exploração, humanizado, no qual a filosofia marxista ocupará o lugar que lhe cabe na regulação da vida cotidiana.

Seus escritos posteriores a 1978, entretanto, alertam-nos para uma mudança de rota tão profunda que desconhecê-la redundaria na impossibilidade de compreender a teoria de Heller. Perceber a dimensão e as implicações dessas transformações no pensamento, bem como suas conseqüências, coloca-se pois, inevitavelmente, como um dos objetivos desse trabalho. Em vista disso, ao nos referirmos aos seus escritos, teremos o cuidado de situá-los no momento histórico em que foram publicados.

3. TEORIA DA HISTÓRIA X FILOSOFIA DA HISTÓRIA

Parece-nos pertinente, igualmente, examinar, ainda que de forma breve, a posição de Heller diante da filosofia da história, assunto que trata, sobretudo, na *Teoria da história*, obra cuja primeira edição data de 1982, pertencendo, portanto, ao início do segundo período do pensamento da filósofa.

Heller avalia que Marx tenha escrito a mais perfeita obra de filosofia da história já realizada dentro do socialismo e que o tenha feito correspondendo às exigências da época em que viveu, fato que, de sobra, legitima a iniciativa. No momento, fazia-se necessário "reforçar a promessa e a advertência". Hoje, quando são vivas as aspirações do socialismo e as necessidades de se atribuir um sentido à existência histórica, acredita que devamos caminhar em outras direções. Cabe-nos atualmente, pensa ela, assumir, diante da filosofia da história, que foi exigência do século XIX, uma postura crítica, por meio de uma teoria da história. Esta não deve inferir o "dever ser", mas tomá-lo como possibilidade, como tendência.

Na obra mencionada, a autora deixa claro seu repúdio ao materialismo histórico e mesmo ao dialético, uma vez que ambos postulariam a produção como variável independente da história. Para Heller, não é possível falar-se em história com "H" maiúsculo como se se tratasse de um tronco do qual tudo saísse. Mesmo a afirmação de que não há leis gerais na história caminha nesse sentido. Tal concepção é tida como criação da civilização moderna, do final do século XVIII, caracterizada pela sociedade civil, capitalismo e industrialização. O que propõe, então, é a elaboração de um conceito do qual deverão ser eliminados todos os "indicadores de progresso", representando a renúncia à pretensão de se impor a filosofia à história e de se descobrir leis para o desenvolvimento histórico.

Propõe, então, a elaboração de uma *teoria da história* que seja expressão das necessidades radicais e que possa ser interpretada como uma nova versão do materialismo histórico. Exclui, ainda, qualquer promessa quanto à satisfação de todas as necessidades.

> "A idéia de satisfação de todas as necessidades humanas num futuro determinado foi qualificada como falsa promessa, não porque não se possa realizar. Não pretendo conhecer nenhuma verdade sobre o futuro e, portanto, não sei se será assim" (Heller, 1982:226).

Heller vê claramente que, com tal posição, compromete toda a teoria de *O capital*, uma vez que percebe uma ligação profunda entre a *filosofia da história* e as teorias econômicas. Tentando resgatar, entretanto, a validade de *O capital*, aponta no interior do texto uma tensão constante entre a *filosofia da história* explícita e uma *teoria da história* subjacente, marcada por conceitos que perpassariam a obra.

Entre esses conceitos, especial importância é dada ao de "necessidades radicais" que implicaria em uma teoria da história e permearia toda a obra de Marx.

> "A teoria das necesidades radicais que se estende ao longo de toda a obra de Marx implicaria numa teoria da história. Com efeito, a teoria segundo a qual o capitalismo produz necessidades, que não pode satisfazer e move os homens a superá-lo, faz

mui redundante e teoricamente supérfluo o conceito de história, com todas as suas leis e tendências universais. Segundo tal concepção, o futuro é um valor que regula as ações dos que têm necessidades radicais, enquanto a imagem do futuro depende da interpretação do valor da liberdade" (Heller, 1982: 275).

No empenho de, naquele momento ainda, não afirmar seu afastamento total do Marx de *O capital*, procura valorizar a obra pelo que não lhe é essencial e pelo que teria passado desapercebido; descobre idéias que teriam ficado subentendidas ou se reporta a conceitos cuja importância maior se verificara em fases anteriores. Das obras de juventude, por exemplo, resgata o conceito de alienação e o coloca como pano de fundo de *O capital*.

> "Todos os teóricos que destacam a ausência da noção de alienação em *O capital* não têm em conta o fato fundamental de que a elaboração total da obra nada mais é que a reconstrução da alienação" (Heller, 1982:230).

Os componentes principais da nova realidade social aparentemente seriam a liberdade e a responsabilidade, o que novamente parece aproximar Heller do existencialismo e, desta vez, ela mesma o reconhece.

> "Que o motivo das transformações possa ser buscado nas necessidades humanas, na estrutura das necessidades, em uma escassez (relativa) sentida como primeira necessidade, é uma idéia que pode ser rastreada até chegar a Marx, e que em nossa época foi elaborada do ponto de vista de uma filosofia da história (por Sartre)" (Heller, 1982:270).

4. DA TEORIA DA HISTÓRIA À MORAL

Deve ainda ser lembrado que Heller põe o *sujeito empírico* ao invés das classes ou dos grupos no centro da história, o que leva, como decorrência, à *moral*, ponto para o qual parecem convergir todos os caminhos trilhados por ela.

> "As possíveis teorias socialistas da história, uma das quais expus neste livro, concebem o dever ser (a utopia) como uma forma para o dever fazer, o qual, por seu lado, conduz a vontade de utopia: e o concebem junto com o imperativo de que todos os sujeitos empíricos (todos os que se encontram em um estado de necessidade) queiram o mesmo. As teorias socialistas da história substituem a vontade geral de Rousseau pela boa vontade empírica de cada um. Em virtude disso, a ética torna-se uma componente imprescindível da teoria da história. Uma teoria da história propugna a ética de um estoicismo-epicurismo ativo" (Heller, 1982:275).

Para a filósofa, a origem da moralidade está no homem em situação, jogado em um momento histórico. Afirma que a forma adequada de iniciarmos a investigação deverá constituir-se na tentativa de responder à questão: O que torna possível, neste momento histórico, a existência de pessoas boas? Como podem elas existir agora?

Tal empreitada, evidentemente, implicaria que fossem determinados como pré-requisitos os componentes da condição humana, bem como explicitado o conceito de *pessoa boa*. Quanto à primeira condição, Heller manifesta-se da seguinte forma:

> "Tenho descrito a condição humana em três passos consecutivos:

1) como a regra do instinto sendo substituída pela regra social;

2) como determinação e autodeterminação da historicidade sob a forma de um hiato histórico, e

3) como historicidade, enquanto viver em tensão" (Heller, 1988:22).

Na existência da pessoa boa repousa toda a teoria da moralidade. Seria ela a própria pessoa autodeterminada que é assim entendida:

> "Recomendo a aceitação da definição platônica da bondade (uma pessoa boa é uma pessoa que prefere ser ofendida a ofender) com total conhecimento de que a premissa (é melhor ser ofendido do que ofender) não pode ser racionalmente provada. Acredito que essa premissa seja verdade, é a minha confissão de fé. Minha afirmação foi de que as pessoas boas existem. E há pessoas que preferem ser ofendidas a ofender. Nós todos sabemos disso. A afirmação se refere à evidência empírica" (Heller, 1988:40).

A moral helleriana parte de uma profissão de fé e de uma evidência empírica. Para ela, aliás, são empíricos os universais morais.

> "Uma forma ética pode ser considerada empiricamente universal se, em toda a sociedade, for possível o entendimento da relação entre norma e ação (observância ou infração) e a reação (recompensa e punição) em todos os casos, quaisquer que sejam os conteúdos, sob o mesmo esquema. (...) O esquema da regra de ouro tanto no aspecto positivo quanto no aspecto negativo de sua formulação – devo fazer a você o que espero que faça a mim, ou, não devo fazer a você o que espero/desejo que não

faça a mim, é um universal empírico puramente formal. É por isso que todas as espécies de normas concretas e mesmo abstratas podem ser providas de conteúdo, substância, desta forma. A norma segundo a qual malfeitores devem ser punidos na proporção do malfeito é também um universal empírico simplesmente formal desse tipo. Diferentes atos podem ser considerados malfeitos e diferentes formas de punição podem ser indicadas como proporcionais" (Heller, 1988:45).

Trata-se igualmente de uma forma existencial de moral, na qual o indivíduo, jogado a uma situação, dotado de um relativo poder de escolha, delibera e, com tal ato, dá sentido a si mesmo e ao mundo, bem como aos outros indivíduos.

Resumindo, podemos dizer, então, que para Heller a moralidade é possível frente à existência de pessoas boas, as quais, jogadas em situação determinada, formam uma específica consciência histórica, condição para o estabelecimento dos universais empíricos. A pretensão de Heller é dotar o momento presente de moral adequada à crise que enfrentamos.

5. PARA UMA TEORIA DA PRÁXIS

Dentre as ciências humanas, não é unicamente a história que desperta o interesse de Heller. Volta-se, também, para a sociologia, ciência que apenas se esboçava na época de Marx e que, ao relacionar-se com a filosofia, cria o espaço no qual constrói a *Sociologia da vida cotidiana*. Nas sociedades funcionalistas e complexas, da mesma forma que a sociologia precisa de um paradigma filosófico e de uma metateoria filosófica, a filosofia também precisa ser complementada por uma teoria sociológica, se quiser dizer algo de relevante às sociedades modernas. Para ela, ainda atualmente, aspira-se por visões mais ou menos coerentes do mundo, das quais, porém, a filosofia já não dá mais conta sem auxílio, ainda que seja indispensável na sua elaboração.

O tipo de sociedade com a qual nos defrontamos, diz Heller, só poderá ser entendida se levarmos em consideração não apenas a racionalização (sistema) mas também a racionalidade (ação racional). Faz-se necessário, portanto, *combinar teoria de sistemas e teoria de ação.*

> "É preciso trabalhar com categorias fetichizadas (reificadas) e não é possível deixar de reificar metodologicamente os atores, mas as teorias só se tornarão verdadeiras teorias se começarem a realizar a tarefa sob a orientação de um paradigma filosófico (ou metateoria) que desfetichize (ou desreifique) os sujeitos, a ação, a consciência dos seres" (Heller, 1987:214).

É nesse contexto que ganha corpo a proposta de construção de uma teoria da práxis, para a qual se aceitam inicialmente os marcos do sistema filosófico e sociológico de Marx, os quais vão sendo, pouco a pouco, abandonados. Heller não se dedica à análise de algum tipo de vida cotidiana ubiquada e datada, mas busca fornecer elementos a partir dos quais essa empreitada possa ser levada a cabo. Pretende que, com base na análise do cotidiano, não apenas seja constatada a alienação, mas ainda que, partindo-se de uma postura crítica, seja criada a possibilidade de apontarem-se caminhos para superá-la. Visa, portanto, uma teoria e uma metateoria.

6. SIGNIFICADO DO SOCIALISMO

Resta-nos, ainda uma vez, tentar esclarecer o que significa para a filósofa situar-se como socialista:

> "Marx, para nós, é uma tradição de vida e não uma escritura sagrada: é preciso levar em conta o período histórico em que ele escreveu; e devemos utilizar tudo o que, em seus escritos, corresponde às exigências de nossos problemas políticos e sociais" (Heller, 1979:15).

Heller percebe contradições na obra de Marx. Não acredita, entretanto, na necessidade de se lançar ao fogo uma parte de seus escritos. Ela vê as contradições como fruto de riqueza teórica e da constante busca por melhores soluções. Foi dessa perspectiva que "escolheu o seu Marx" e a partir daí procurou elaborar alternativas filosóficas e sociais. E tal postura parece ter persistido pelo menos até 1982.

Inicialmente, pretende encontrar em Marx elementos com os quais seja possível enfrentar a realidade das sociedades ocidentais modernas que, carecendo de um único centro organizador, não são passíveis de transformação como uma totalidade. Hoje, vê como antiquadas as idéias que carregam a esperança de uma transformação total a partir da abolição do Estado e como ingênuas as políticas redentoras do *marxismo ortodoxo*.

Em 1992, ao falar em *sociedade insatisfeita*, termo que considera não essencialista, Heller recoloca a *teoria das necessidades*, sem fazer referência a Marx. Avalia que muitas são as categorias através das quais se pode descrever a sociedade moderna. Sugere, entretanto, a utilização da perspectiva das necessidades, como criação das necessidades, percepção das necessidades, distribuição das necessidades e satisfação das necessidades. Tal enfoque, segundo a filósofa, teria duas vantagens principais: permitiria apanhar a sociedade de uma forma holística, já que a insatisfação seria responsável pelo funcionamento de todas as instituições e cada uma delas. Por outro lado, abriria a possibilidade de combinar dois discursos distintos: o discurso da *filosofia social* e o discurso da *filosofia existencial*.

Acreditamos poder concluir que, apesar das grandes alterações processadas no pensamento de Heller no decorrer do tempo, apesar de seus múltiplos interesses e da grande variedade dos assuntos por ela abordados, dois temas permaneceram constantes e centrais, a questão do cotidiano e a teoria das necessidades.

Capítulo II

COTIDIANO, RAZÃO E DIALÉTICA

Acreditamos que nesse final de século o nome de Agnes Heller deva ser inscrito entre os daqueles que se preocuparam em resgatar o valor da razão e retomaram a discussão a respeito da racionalidade. Seu esforço dirige-se no sentido de ultrapassar tanto trombetas que anunciam a morte da razão, quanto a prisão dos sistemas fechados. Neste capítulo estamos nos propondo a analisar as principais afirmações da filósofa em relação à racionalidade, que nos interessam também, pelo fato de poderem contribuir para elucidar sua visão atual da dialética. Cabe lembrar que toda essa discussão é respaldada pela teoria do cotidiano.

1. A RACIONALIDADE

Quando Heller trata do caráter racional para-si, estaca central na construção de sua utopia, parece situar-se em campo bastante distante do dialético. A realidade racional ideal seria alcançada, não por construção ou conquista possível, mas pelo regresso a uma realidade anterior, a uma qualidade perdida. A alienação da razão é ligada ao surgimento da modernidade e aparentemente deve ser afastada, não pela superação, mas por um retorno.

> "O caráter racional para-si é o vínculo felizmente antecipado da volta da razão para casa" (Heller, 1985:228).

Essa volta a estágios anteriores é freqüentemente apontada como solução no sentido de recuperar as perdas ou corrigir desvios.

Procuraremos tornar clara a questão proposta, reconstituindo o caminho que, segundo Heller, a razão percorre até o estágio da racionalidade para-si. Quando fala em razão, fora de qualquer dúvida, quer significar razão prática. Isso, não apenas por acreditar que esta guarda as origens da racionalidade, mas pelas conexões necessárias que percebe entre tal razão, a moral que propõe e a democracia que acredita possível.

> "Não consigo ver nenhuma outra solução teórica para o problema da modernidade, um problema que foi descrito como a supremacia da razão prática que perdeu seu encanto. Mas como compartilho do empenho para a supremacia da razão prática, minha teoria é formulada com uma intenção prática (Heller, 1985:135).

É ainda a razão prática erigida em fundamento de toda a racionalidade e única forma concebível de razão dialética.

> "Não reconheço nenhuma outra interpretação da razão dialética senão esta de guiar para o rumo certo a razão alienada. O sonho hegeliano sobre o autoconhecimento da razão é uma das idéias mais válidas jamais formuladas. A casa da razão é uma pessoa de bom senso. Não há nenhuma outra casa da razão a não ser a pessoa humana como totalidade, a fonte da racionalidade de todos os tipos" (Heller, 1985:210).

A questão que estamos propondo refere-se não apenas à elucidação do conceito de razão em Heller mas também à possibilidade de nos depararmos ainda, na sua obra, com uma razão dialética. Antes de começarmos a seguir os passos que a autora impõe à razão na construção de si mesma, devemos ter claro que, para ela, estão profundamente integrados os conceitos de *racionalidade e vida cotidiana*, ambos universais humanos, possíveis de serem encontrados no estudo do homem, em qualquer tempo ou lugar. Heller conceitua a racionalidade como o agir de acordo com a razão, que é tida como bom senso, capacidade de distinguir entre o bem e o mal, o bom e o ruim, o verdadeiro e o falso.

O surgimento da racionalidade inclui, para a filósofa, o "momento deliberante", já que se trata de um questionamento ao mundo dos costumes estabelecidos, estando, portanto, ligado ao surgimento da moralidade. A mesma racionalidade, filha da razão prática, é colocada ainda, como instituidora da filosofia.

> "Foi Sócrates a inventar (e a descobrir) a categoria da racionalidade contemporaneamente à invenção e à descoberta da voz interior da consciência. Como

> todos os grandes descobridores, levou o caso ao extremo. Afirmando que a virtude pode ser ensinada, não só atribuiu onipotência à razão prática, mas identificou a vontade de ser bom, com o conhecimento da verdade. Porém, de que tipo de verdade se tratava? A própria verdade deve ser constituída para ser pensada. E a constituição da verdade deveria ser sustentada por argumentos válidos para poder ser pensada, é o procedimento sui generis da filosofia. A categoria da racionalidade nasceu como categoria filosófica e como tal permanece" (Heller, 1985:75-76).

Cumpre ainda lembrar que, de acordo com Heller, constitui-se a razão na faculdade de distinguir entre o bem e o mal, o bom e o ruim, o sacro e o profano, o verdadeiro e o falso, enquanto que a razão prática deve ser entendida como a mesma capacidade de julgar, agora, entretanto, orientada pela hierarquia das categorias de valor. A partir daí conclui que, se a descoberta da racionalidade é a própria descoberta da filosofia e se a filosofia sustenta racionalmente sua verdade, deve ser entendida como a autoconsciência da moralidade. O conceito de racionalidade, em última instância, surge como um conceito moral.

De acordo com Heller, se o conceito de racionalidade é contemporâneo à "invenção da filosofia", a preocupação com a vida cotidiana é bem mais recente. Data da segunda metade do século XIX, quando o "modo de vida" tornou-se problemático e surgiu simultaneamente com conceitos de racionalização e reificação. Embora tenha sido a sociologia a primeira a enfrentar o tema da cotidianidade, ele foi, aos poucos, penetrando a filosofia, até tornar-se sua principal preocupação.

2. O COTIDIANO

Se em *The power of shame* Heller diz que a vida cotidiana é o que é, em *Sociologia de la vida cotidiana* ela a define da seguinte forma:

> "A vida cotidiana é conjunto de atividades que caracterizam a reprodução dos homens particulares, os quais, por sua vez, criam a possibilidade da reprodução social" (Heller, 1977:19).

Seria ela o lugar da reprodução do homem concreto, histórico, em determinado mundo também concreto, histórico e incorporaria todos os modos de comportamento e afetos, incluindo a exigência de uma certa competência. Para a maior parte dos homens, a vida desse tipo constituiria toda a vida e para aqueles que são capazes de transcendê-la, a base e a preparação para o não-cotidiano. O homem, segundo Heller, já ao nascer, dada a divisão social do trabalho, encontra-se em ambiente limitado que não lhe permite o contato com toda a realidade social, mas apenas com um estrato ou camada. Sua vida cotidiana, portanto, já de início, supõe a alienação. Só a relação com a totalidade, privilégio das camadas dominantes, possibilita o máximo desenvolvimento da essência humana em determinado momento.

O homem particular, com o objetivo de conservar-se, apropria-se do mundo e, nessa atividade, ganha consciência de si mesmo e do mundo, simultaneamente. Mesmo que não estabeleça com a genericidade uma relação consciente, tem sempre contato com ela; não existe, portanto, a particularidade pura. Na medida em que supera a particularidade na construção de sua vida cotidiana, o homem faz-se indivíduo, que, ao contrário do particular, é consciente de si e de sua circunstância.

A vida cotidiana, base econômica do processo histórico, constitui-se de um conjunto de objetivações, isto é, capacidades humanas que, objetivadas, ganham vida própria. Esse tipo de vida comporta atividades heterogêneas e exige um certo número de habilidades. Dela participa o homem inteiro. É na medida em que o particular se aproxima do indivíduo que homogeneizam-se suas capacidades e habilidades, dando lugar ao aparecimento do sujeito consciente e livre.

Na caracterização das objetivações em-si, para-si e para-nós, Heller fundamenta-se em Marx. O em-si corresponde à natureza, àquilo que ainda não foi penetrado pela práxis e o para-si, ao contrário, é tudo o que foi modificado ou produzido pelo homem. A essas categorias Heller acrescenta o em-si social, formado por tudo que o homem já encontra pronto ao nascer, ainda que fruto da atividade humana. Trata-se de um sistema de referências produzido pela estrutura unitária das objetivações genéricas em-si: utensílios e produtos, usos e linguagem. Tornar-se adulto significa para o homem, em seu mundo específico, ganhar competência quanto às normas-e-regras da objetivação em-si.

Heller explica a esfera da objetivação em-si, considerada como ponto de partida da experiência humana:

> "É formada por três elementos constitutivos: a linguagem comum, os objetos feitos pelo homem (com as regras para seu uso, inclusive o uso a que é destinado no ambiente natural e os costumes. Estes três elementos constitutivos podem ser separados somente na e pela filosofia ou na e pela filosofia social. Porém aqueles que observam as 'normas-e-regras' da esfera da objetivação em-si não os separam nunca; se assim fizessem, não mais estariam observando as normas-e-regras dessa esfera. Não se podem usar os objetos feitos pelo homem (nessa esfera) sem observar normas habituais e sem ter competência no uso da linguagem comum (nessa esfera) e sem ter a capacidade de usar corretamente objetos feitos pelo homem e também de observar costumes" (Heller, 1985:86).

A esfera da objetivação genérica em-si não é idêntica à natureza ou à cultura. Pela intersubjetividade, os homens que nascem com uma essência genérica "muda", apropriam-se da "essência genérica em-si" e o fazem, intencionalmente. Esse processo de apropriação, que é ao mesmo tempo subjetivação e objetificação (apropriação da objetivação), constitui-se em formador da unidade de um eu especial em um mundo dado. Ainda que a esfera das objetivações em-si seja a "espinha dorsal" da vida cotidiana, ela não a explica totalmente, uma vez que coexiste com outras objetivações.

As visões de mundo produzidas na esfera da vida cotidiana não apresentam necessariamente uma forma sistemática e logicamente coerente, em virtude da heterogeneidade própria dessa área. O mesmo conjunto das objetivações em-si pode estar ligado a diferentes visões do mundo.

Heller propõe que se estude a vida e racionalidade cotidianas tendo como base o paradigma da objetivação em-si do qual já tratamos no primeiro capítulo. Partir do mundo da objetivação em-si significa partir da situação humana inicial, isto é, do homem como tendo sido *jogado* entre os outros homens e as coisas. Nesse particular, como ela própria afirmou, serve-se das "descrições magistrais" do existencialismo feitas sobretudo por Kierkegaard e Sartre.

A situação humana, já de saída não é a mesma para todos, irá depender do "aqui e agora" em que cada um foi *jogado*.

> "A partir desse momento, a causalidade de nascimento significa ser jogado não apenas em uma cultura particular, mas também em uma particular camada social, classe, posição, etc. As normas-e-regras dadas na esfera da objetivação em-si são, quanto ao conteúdo, diferentes para os membros das diversas classes ou camadas sociais apesar de participarem de elementos desses conteúdos, em particular daqueles fornecidos pela visão de mundo dotada de sentido" (Heller, 1985:88).

O sujeito da vida cotidiana é um ser humano que age como uma totalidade. Mesmo movendo-se em meio heterogêneo deve, para ser competente, desenvolver, até certo nível, capacidades humanas, tais como: "a manipulação, a discussão, o autocontrole, a capacidade de distinguir o amor, a sensibilidade, o tomar decisões, etc.".

A diferença entre os vários sujeitos não é, entretanto, devida unicamente às particularidades históricas de seu nascimento, uma vez que nascem dotados de "uma biopsicologia altamente idiossincrática". O contato com a esfera das objetivações em-si que não se dá sem choques e sofrimento pode ter como resultado a produção de um "surplus cultural" e de um "surplus conhecido". O "surplus cultural" é fruto da existência pessoal que é única e pode ser considerado um "surplus subjetivo". O "surplus conhecido", ao contrário, é criação social de um grupo, clã ou tribo.

Heller explica o "surplus cultural" como fruto da experiência pessoal, única de cada homem, mesmo que tenha como pano de fundo uma "esfera de objetivação em-si" comum. É de certa forma indizível em linguagem comum, mas pode objetivar-se por meio da arte, do sacro, etc. O "surplus conhecido" (ou conhecimento suplementar) é produto da vida social, é o conhecimento acumulado na consciência coletiva responsável pela possibilidade da produção e reprodução de uma determinada forma de viver. Em nossa sociedade técnico-industrial, a quantidade acumulada de "surplus conhecido" é imensa.

De acordo com Heller, esse mundo das objetivações em-si corresponde a uma forma de racionalidade que denomina de racionalidade da razão e que se caracteriza justamente pela "competência na observância das normas-e-regras da esfera da objetivação em-si" e é imprescindível a qualquer tipo de sociedade.

3. AS OBJETIVAÇÕES GENÉRICAS PARA-SI E AS INSTITUIÇÕES

Passaremos, agora, a tratar daquilo que transcende as objetivações genéricas em-si, isto é, as objetivações genéricas para-si, constituídas pela arte, ciência, religião e filosofia. Como se dá a passagem para o outro nível? Como as objetivações genéricas em-si são transcendidas? No atual estágio da teoria de Heller tais questões dificilmente encontrarão uma resposta precisa, pelo menos na obra que acompanhamos no momento, *The power of shame*. Gostaríamos de lembrar, entretanto, que, em trabalho anterior, *Sociologia da vida cotidiana*, a filósofa pronunciara-se claramente e dentro da mais perfeita ortodoxia marxiana.

> "A transformação da esfera em-si e para-si em uma esfera para-si é obra consciente dos homens em um determinado nível das objetivações em-si (frente a todo o desenvolvimento das forças produtivas). A formação do puro para-si desta esfera é uma perspectiva que só se realiza no comunismo e que se encontra em interação com o ultrapassar da economia do em-si, constituindo-se uma das forças motrizes mais importantes desta transformação" (Heller, 1977:234).

Tais conceitos, entretanto, não fazem mais parte do universo teórico de Heller, na atualidade.

Ao contrário das objetivações em-si que, por sua heterogeneidade, apenas dão sentido aos seres humanos, as objetivações para-si, das quais uma das características é a homogeneidade, são capazes de dar sentido à própria vida humana. Além disso, podem estas últimas legitimar ou negar a validade das objetivações em-si, ter suas regras-e-normas, absorver e encarnar o *surplus cultural*. Tais objetivações, ao dar sentido à vida humana, tanto podem adquirir uma direção favorável à manutenção do "status quo" como contribuir para sua transformação. A filosofia, religião e ciência nem sempre serão apenas legitimadoras de uma ordem de domínio.

De acordo com o que se expõe em *The power of shame*, o processo da passagem do em-si ao para-si dá-se como já descrevia Lukács: os sujeitos suspendem suas atividades cotidianas e rendem-se às normas-e-regras da objetivação para-si, passando a mover-se em meio homogêneo e unificando sua atividade.

Outra esfera de objetivações é a daquelas que são em-si e para-si, formada pelas instituições que compõem a estrutura social. Diz Heller:

> "Defino estrutura social como um conglomerado de instituições reciprocamente interligadas e que se sustentam umas às outras (como subsistemas)" (Heller, 1977:120).

Tais instituições são portadoras de *normas-e-regras* interligadas de tal forma que a observância de uma implica no conhecimento das demais e gozando todas de uma certa homogeneidade.

O sujeito que evolui nessa esfera é chamado especializado, ou aquele do *know-how* e do *know-what* reprodutíveis. Sua atividade nas instituições caracteriza-se pela exclusão das atividades heterogêneas, que impliquem em manifestações tais como a cólera ou a vontade de fazer valer o senso de justiça. Esse é o homem especializado, incapaz de fazer a crítica das instituições. Em absoluto deve ser confundido com o especialista ou o profissional, que pode atuar na esfera da objetivação para-si.

Na medida em que as instituições devem institucionalizar uma visão de mundo para produzir o homem especializado, atuam na contínua legitimação da ordem social de domínio. Visões de mundo legitimadoras da ordem de domínio não são produzidas no interior das instituições mas penetram-nas. Em outros tempos, o papel gerador de tais visões foi assumido pela religião, tendo hoje passado para a ciência, responsáveis ambas pela legitimação de normas-e-regras da esfera das objetivações em-si.

Para Heller, o sujeito especializado das instituições é incapaz de produzir tanto o "surplus cultural" como o "surplus conhecido". O primeiro, gerado na esfera da objetivação em-si, é absorvido pelas objetivações para-si, constituindo-se na possibilidade de renovação e progresso. O segundo, originado igualmente no cotidiano, é absorvido e usado nas instituições mas não gerado nelas.

> "O surplus cultural é ainda hoje gerado no interior da vida cotidiana. Se absorvido pela objetivação para-si chamada ciência, torna-se combustível da ciência revolucionária. Se absorvido pelas objetiva-

> ções para-si concorrentes (arte, filosofia e religião), pode alimentar a crítica, seja de nossa estrutura social ou da visão dominante do mundo" (Heller, 1977:133).

Sendo que Heller considera como instituições tanto a família como a escola, cabe-nos perguntar, diante do esquema traçado, quais as possibilidades que restariam ao campo da educação. A escola parece fadada a reproduzir a realidade social de dominação, formando, ou melhor, deformando o sujeito ao torná-lo um sujeito especializado. Apesar da filósofa dedicar à escola, pelo menos até onde nos foi possível perceber, apenas uma ou duas referências, a sua teoria a respeito das instituições, do "surplus cultural" e do "surplus conhecido" parece autorizar situá-la ao lado de Bourdieu e Passeron entre os reprodutivistas quanto à educação.

Mesmo quando se refere a soluções educacionais, Heller está longe de colocar suas esperanças na escola como instituição.

> "No seio das comunidades formam-se homens dotados de aptidão para o plano social. Uma democracia político-pluralista com todas as suas instituições só pode prevenir-se, ainda que relativamente, contra a burocratização e a alienação na medida em que, desde a infância, toda a população tenha passado pela escola das discussões e decisões comunitárias" (Heller, 1982:136).

Acreditamos que, hoje, o grande interesse dos educadores brasileiros pela teoria de Agnes Heller não se deva ao que realmente pensa do papel e das possibilidades da escola ou mesmo da família que, segundo ela, é a única instituição na esfera das objetivações em-si. O fascínio que exerce parece estar mais ligado à crítica das macroteorias e à condenação do processo revolucionário como instrumento válido para a transformação das estruturas, aliada ao interesse pela realidade individual. Além disso, a ligação estabelecida entre caráter racional, caráter moral e caráter democrático, poderia abrir para a educação um lugar privilegiado como veículo de mudança, mesmo que a filósofa não enverede por esse caminho. Não devemos esquecer, igualmente, o papel atribuído no presente aos estudos da vida cotidiana como geradores de conhecimento.

Azanha dedica sua tese de livre-docência a esse tema. Diz ele:

> "O principal objetivo deste capítulo é chamar a atenção para a importância de os estudiosos da educação brasileira voltarem-se também para uma dimensão dessa realidade até hoje quase ausente das preocupações acadêmicas, mas que, como supomos, poderá conduzir a uma compreensão interessante da educação no Brasil. Trata-se da vida cotidiana nas escolas. (...) Mas não são apenas os historiadores da educação que se têm descurado do assunto do cotidiano escolar. Também outros especialistas da educação desconhecem-no inteiramente. Tome-se por exemplo o caso das reprovações escolares tantas vezes referido, discutido e apontado como indicativo da má qualidade do ensino e do malogro da escola" (Azanha, 1990:41-43).

Vê mais o autor. Acredita que possa o estudo do cotidiano constituir-se em ponto de partida adequado para fundamentar a ciência do homem, possibilitando uma visão da escola numa dimensão mais ampla, como parte do todo social.

4. RACIONALIDADE DA RAZÃO E RACIONALIDADE DO INTELECTO

Voltando à questão do conhecimento em Heller, acreditamos importante esclarecer que, para ela, enquanto o "surplus cultural" ainda hoje é produzido na esfera das objetivações em-si, o mesmo não acontece com o "surplus conhecido" que é cada vez mais fruto da objetivação para-si constituída pela ciência, tornando cada vez menor a importância da experiência de vida e dos contatos diretos. Responsável pela criação das visões de mundo da modernidade, a ciência é tida como portadora de uma linguagem universal, caracterizada pela indiferença moral.

> "A minha tese é simplesmente essa: assim como o dinheiro não fede, a ciência não fede. É verdade que há uma norma moral particular, intrínseca à ciência: a procura do conhecimento verdadeiro. (...) Mas o cientista, naturalmente, pode trapacear ou mentir fora da própria pesquisa científica sem perder sua credibilidade como cientista. Na ciência moderna, então, a razão teórica submete a razão prática, a moralidade da ciência é reduzida a observar as normas-e-regras de uma procura puramente teórica. Assim sendo, as ciências naturais modernas falam uma linguagem universal e têm um valor universal sem fornecer normas universais aos seres humanos" (Heller, 1985:141).

De acordo com a argumentação anterior de Heller, é possível concluir que, ao submeter a razão prática à teórica, a ciência abriu um dos caminhos à alienação nos tempos modernos. Não pode ela, entretanto, ditar normas por não estar ligada ao mundo dos valores, mas ao mundo dos objetos. Nesse aspecto, a ciência encontra-se em posição de inferioridade frente à religião, como formadora de visão de mundo. Apesar disso, sua penetração crescente, tanto nas instituições como na própria esfera da objetivação em-si, contribui de forma inevitável para a reificação do homem, tratado ele também como objeto. Para Heller, na "modernidade", a única forma de neutralizar os efeitos negativos da penetração da visão de mundo presidida pela ciência seria a expansão da democracia. Infelizmente também nesse campo a ciência estende seus tentáculos.

A respeito das objetivações para-si, cumpre-nos dizer que, para Heller, são elas a condição, mas não a razão suficiente de uma postura crítica. Aqueles que atingem o meio homogêneo de uma objetivação para-si, nem por isso ascenderam da racionalidade da razão à racionalidade do intelecto. De acordo com a filósofa, a razão pode ser usada de duas maneiras diversas. Em um ambiente determinado pode servir para se perceber as normas-e-regras da ação e mesmo para fazer certas adaptações na aplicação das mesmas, que, entretanto, serão sempre tomadas como certas. Temos nesse caso a *racionalidade da razão*, que pode ser definida como a observância competente das normas-e-regras da objetivação em-si. Empregada de outra forma, a razão será capaz de decidir; a partir de alguma regra ou norma, pode pôr em questão outras regras-e-normas, considerando-se capaz de decidir quais dentre elas são verdadeiras ou falsas. É essa a *racionalidade do intelecto*.

> "Neste ponto, para poder esclarecer o significado da frase racionalidade da razão, e justificar sua introdução, devo fazer uma distinção entre duas atitudes da razão. (...) A razão pode significar o agir conforme as normas-e-regras de qualquer ambiente social particular, ainda que dando a essas regras-e-normas um certo desconto. Por outro lado, a razão pode distinguir, tomar como base uma norma (ou algumas normas) em relação à qual todas as regras-e-normas do ambiente social poderão ser postas em discussão e examinadas. É claro que qualquer norma-e-regra examinada e posta em discussão não pode mais ser dada como certa, e o simples fato de sua existência ou o fato de ser observada não será suficiente para estabelecer sua validade. Do ponto de vista privilegiado por essa última atitude da razão somente as regras-e-normas convalidadas pela razão poderão ser aceitas como verdadeiras, isto é, poderão ter sua bondade e verdade demonstradas. Defino essa última atitude da razão como racionalidade do intelecto" (Heller, 1985:71).

Como dizíamos, evoluir em campo homogêneo de alguma objetivação para-si não significa assumir postura crítica. Com efeito, exemplifica Heller com o caso da intromissão da ciência na vida cotidiana: saber usar competentemente as regras da ciência é possível, sem que isso implique em transcender a racionalidade da razão e atingir a racionalidade do intelecto. Tomar umas tantas regras como certas e empregá-las adequadamente não se constitui transcendência alguma. Deve-se ter sempre presente, entretanto, que a racionalidade da razão é a base e fundamento da racionalidade do intelecto, sendo considerada indesejável a separação entre elas.

Ao admitir que a passagem da racionalidade da razão à racionalidade do intelecto não se dá sem choques, uma vez que a "acidentalidade do nascimento e as normas-e-regras de um mundo de vida dado não se encaixam sem problematicidade", Heller parece não fechar a porta a uma interpretação dialética. Suas idéias a respeito do assunto ganham clareza maior quando aborda a questão do papel dos intelectuais no mundo atual. Acredita que, em nossa época, as visões do mundo dotadas de sentido não mais são produto das classes sócio-econômicas fundamentais, mas de profissionais, os intelectuais.

> "Os intelectuais do século XIX foram quase sempre intelectuais orgânicos da burguesia, e os movimentos de classe operária produziram seus intelectuais orgânicos (uso o conceito intelectual orgânico no sentido gramsciano do termo). Hoje quase não existem mais intelectuais orgânicos. Os intelectuais de hoje estão fora das classes e são, portanto, inorgânicos. Sua profissão é dirigida a um pensamento transcontextual e a fornecer visões de mundo dotadas de sentido aos agentes das várias classes sociais. Além do mais, eles elaboram visões de mundo para o *stablishment* de qualquer cor, às vezes mesmo falando pelos oprimidos. Porque sua função especial não é a ação direta, mas a produção de visões de mundo dotadas de sentido, os intelectuais estão propensos a superidentificar-se com as classes sociais (ou com a noção enquanto tal), atribuindo a elas consciência" (Heller, 1985:181).

Tais profissionais, mesmo que fornecendo visões de mundo à racionalidade do intelecto, nem sempre seriam capazes de agir de acordo com ela. Desempenhariam sua tarefa a contento, tão-somente por estarem sujeitos às mesmas experiências que os não intelectuais e com eles compartilharem o mundo da vida. É o caso de questionar a filósofa quanto à possibilidade de existirem pessoas que compartilham um mesmo mundo da vida e as mesmas experiências e que, entretanto, estão fora das classes.

Aliás, o próprio Gramsci, citado por Heller, ao referir-se aos intelectuais tradicionais, aponta para a ilusão em que se constitui tal pretensa independência:

> "Assim como estas várias categorias de intelectuais tradicionais sentem com espírito de corpo a sua ininterrupta continuidade histórica e a sua qualificação, assim se põem a si mesmos como autônomos e independentes do grupo social dominante. Esta autoposição não deixa de ter conseqüências no campo ideológico e político, e conseqüências de vasto alcance: toda a filosofia idealista se pode facilmente colocar em conexão com esta posição assumida pelo conjunto social dos intelectuais, e pode definir-se a expressão desta utopia social pela qual os intelectuais se julgam independentes, autônomos, revestidos de características que lhes são próprias, etc." (Gramsci, 1978:345).

Tem muita razão Gramsci. Não é possível entender-se o intelectual e seu papel, sem perceber suas conexões com os diversos grupos ou classes. O que não implica na possibilidade de se compreender e explicar totalmente qualquer trabalho intelectual, unicamente desse ponto de vista.

5. DA RACIONALIDADE DA RAZÃO À RACIONALIDADE DO INTELECTO

Heller define a passagem da racionalidade da razão à racionalidade do intelecto em um dos casos, como *desobediência* que se constituiria em ato consciente de recusa de alguma norma-ou-regra da esfera da objetivação em-si ou de alguma instituição, em nome de outra regra-ou-norma. Outro tipo de recusa seria a *rebelião*, que não incluiria uma postura racional e que não implicaria no recurso a outra regra-ou-norma ou mesmo o uso da argumentação. Posto isto, a rebelião, apenas eventualmente, levaria à racionalidade do intelecto.

> "O ato de rebelião é irracional, tanto na perspectiva da racionalidade da razão quanto naquela da racionalidade do intelecto: no primeiro caso, porque não recorre (contrariamente à desobediência) a algumas normas-e-regras; no segundo, porque não recorre por meio da argumentação a alguma norma válida" (Heller, 1985:185).

Se, de acordo com a racionalidade da razão, a rebelião é doença que deve ser curada, do ponto de vista da racionalidade do intelecto é vista como causada pela desvalorização de normas-e-regras que devem eventualmente ser ultrapassadas e, portanto, não de todo irracional. A racionalidade do intelecto, porém, somente será atingida se a recusa se fizer acompanhar de farta e adequada argumentação.

Quando Heller parece enveredar por um caminho dialético, chegando mesmo a usar o termo no subtítulo de sua conclusão para o assunto: "A dialética da racionalidade do intelecto, ou a astúcia da razão" (Heller, 1985:198), paradoxalmente, aponta a solução para o problema da razão, fora da razão. A aceitação do desafio só poderá ser feita à luz da justiça e verdade que, entretanto, somente serão alcançadas por intermédio do amor. Então, o desafio da desobediência só será aceito se o desafiante tiver sido previamente amado. Mesmo sem negar a "força do amor", se afigura fora de propósito erigi-lo em condição prévia para a percepção de outros valores como a verdade ou a justiça.

Como *respostas possíveis à rebelião*, são apontadas:

a) força, resposta tão irracional quanto a rebelião;

b) isolamento ou marginalização;

c) aceitação do desafio pela racionalidade da razão, o que só pode ser realizado a partir do amor, enquanto empatia.

Nesse caso, ao contrário do que acontece com a desobediência, que é racional, a resposta só pode ser a empatia ou a aceitação das necessidades e desejos do rebelado. É somente esse amor que pode encaminhar a rebelião em direção à racionalidade do intelecto.

Ainda, continua a filósofa, são três *as respostas possíveis da racionalidade da razão, à racionalidade do intelecto:*

a) com argumentação ofensiva, na qual pretende irracionalizar e criminalizar a racionalidade do intelecto;

b) com uma argumentação defensiva, em prol da estabilidade;

c) aceitando o desafio com o amor cognitivo que se caracteriza pelo desinteresse total, não exigindo reciprocidade ou reconhecimento. É a admiração pelos depositários da racionalidade do intelecto.

A própria Heller admite que essa solução pode à primeira vista parecer surpreendente. Mesmo depois das explicações da filósofa, ela se afigura, se não surpreendente, pelo menos inadequada. É explicado que, na análise mencionada, o amor aparece como uma sugestão e ajuda à racionalidade do intelecto. Mesmo sem desconhecer o papel que, não apenas o amor, mas os sentimentos em geral têm no momento de se aceitar desafios ou em qualquer outra situação vivida, não é razoável colocá-lo como única solução ou o único impulso que nos levaria a aceitar desafios. Ao optar por esta solução, aparentemente estaríamos impedidos de aceitar as diversidades, as necessidades e os direitos de nossos inimigos, desafetos ou seríamos mesmo indiferentes. Submeter a justiça ao amor seria inviabilizar a justiça.

Apesar de seu propalado ateísmo, Heller acredita ter o cristianismo sabido perceber esse amor de que fala.

> "O cristianismo encontrou uma solução simples e adequada para tal problema. O amor que busca a satisfação e a compreensão exclusiva dos outros é chamado de bondade. A bondade transcende a racionalidade e pode ser aprendida. Não é uma virtude mas um mérito circundado pela aura da santidade. Essa concepção comporta a limitação de que tanto o amante como o amado sejam bons cristãos. Uma limitação não aplicável ao universo pluralístico" (Heller, 1985:198).

A dialética da razão encontra pois sua solução fora do âmbito da razão. A resposta encontrada não é mais que amor cristão, desde que transportado para um universo pluralístico.

Desde o início de nossos estudos de Heller, é forte a impressão de estarmos diante de uma tentativa muito semelhante àquela que empreendeu a Igreja Católica nos anos 50 e 60, debatendo-se para encontrar a famosa terceira via entre o capitalismo e o comunismo. Não há solução racional para a razão ou para o mundo da vida, então o amor, que transcende a razão, com sua "aura de santidade", tudo deve abarcar e diluir. Não há igualmente solução para a dialética como dialética. Ela também, envolvida pelo amor, deverá transformar-se num suave discurso amoroso.

É frágil esse simulacro de amor cristão que não se respalda em doutrina cristã, capaz de fornecer-lhe o sustentáculo da fé. Tal amor universal poderia ser estendido aos inimigos e assim dirimir as dúvidas que levantamos nos parágrafos anteriores. No caso da proposta de Heller, porém, em nome de que esse amor?

A autora vai ainda mais longe. Conclui que a persistência numa atitude dialética é que levaria à perversão total do intelecto. Isso se daria a partir do momento em que o intelecto investisse não apenas contra algumas normas-e-regras mas contra todos os valores e normas, cortando totalmente suas ligações com a racionalidade da razão. Seria o Lúcifer do intelecto, obrigado por definição a obedecer a certas regras-e-normas, por ele, entretanto, absolutamente desvalorizadas. Privadas de seu conteúdo de valor, as regras-e-normas seriam usadas apenas para atingir os objetivos de um intelecto que se tornou perverso. Para falar desse intelecto, Heller usa uma forma que muito se aproxima da linguagem sacra.

> "Nenhuma louca paixão, nenhum pecado da carne, nenhum impulso ou desejo, pode ser tão perigoso quanto o intelecto perverso. É destrutivo ao máximo porque visa à destruição. Se o intelecto perverso se instala como poder social, ou dominação, torna-se intelecto mau. O intelecto mau não aparece mais transvestido por normas-e-regras da racionalidade da razão (como faz o intelecto perverso): ele introduz normas-e-regras que não podem mais ser observadas racionalmente, porque não podem ser expostas por argumentação racional, e não são tradicionais" (Heller, 1985:201).

Do que foi dito, pode-se, portanto, concluir que o caminho da dialética da razão, a não ser que seja cortada pela interferência do amor, constitui-se no próprio caminho para o mal. A tarefa daqueles que pretendem uma transformação deverá ser, então, interromper o processo dialético por meio de um diálogo amoroso. A partir disso, já nos é possível afirmar que, se a teoria helleriana da razão representa um tipo de dialética, certamente ela nada tem em comum com aquilo que Marx entendia por dialética.

Na obra *Sociologia da vida cotidiana*, Heller resgata os conceitos de pessoa particularística e pessoa individual. Seriam distintas pelo fato de a primeira usar o bom senso como racionalidade da razão e, a segunda, por usá-lo como racionalidade do intelecto. A primeira ainda seria portadora de uma racionalidade em-si, seria chamada de *pessoa*, enquanto a segunda, portadora de uma racionalidade para-si, formaria a *personalidade*. O ideal a ser construído constituir-se-ia no caráter racional para-si próprio da personalidade:

> "As ações da personalidade derivam do caráter: o exprimem e o reforçam. Estas ações têm uma aura pré-racional e pós-racional. Como a personalidade não se submete ao caráter quase natural das normas-e-regras, normalmente não irracionaliza nem os sentimentos nem as capacidades pré-racionais e pós-racionais, mas dá a eles a oportunidade de manifestação. A personalidade como caráter racional para-si é capaz de enfrentar com sucesso os próprios sentimentos, impulsos, inclinações não racionais. Não cede às normas-e-regras e reorienta estes sentimentos e impulsos carnais para consentimentos" (Heller, 1985:227).

Salienta ainda Heller que o uso do bom senso como racionalidade do intelecto não implica na constituição de um caráter racional para-si, ou na reflexão e no desejo de realizar todas as possibilidades de sua natureza. São apontadas três condições para a emergência da personalidade racional: deve reconhecer a validade de todas as necessidades humanas, quer das personalidades, quer das pessoas; deve estar sempre disposta a estabelecer uma discussão racional com todos que a isso se dispuserem; deve reconhecer a validade de pelo menos uma norma universal e colocá-la em prática. Voltamos aqui ao tema constante, que é o da supremacia da razão prática, alfa e ômega da racionalidade.

6. A RAZÃO PRÁTICA E O MODELO ESTÓICO-EPICURISTA

Para apresentar a solução moral, Heller, que confessa não ter encontrado em seu "aqui e agora" proposta satisfatória, volta-se para a antigüidade grega. Inspirada no ideal aristotélico de vida boa, que aceita modificado, irá fixar-se no modelo estóico-epicurista que, segundo ela, presta-se aos "nossos tempos obscuros". Já que as referências a essa doutrina moral são freqüentes na obra da filósofa, deter-nos-emos mais um pouco nesse assunto. O texto mais elucidativo a respeito do tema que encontramos está na obra *O homem do Renascimento*, no qual o estoicismo e o epicurismo, originários do período considerado como aquele da decadência da filosofia grega, são tidos como as duas únicas escolas filosóficas que prescreviam a harmonia como qualidade obrigatória na personalidade de seus adeptos.

Dessas teorias, tais como surgiram, Heller acredita que devamos assimilar algumas características como: a coerência entre teoria e prática e o interesse na descoberta à resposta da questão – como viver? – sobretudo a interdependência entre ética e ontologia. Não é, entretanto, em sua versão grega, quando eram apresentadas respostas diferenciadas ao problema mencionado, que Heller busca inspiração. Para ela, o tempo encarregou-se de dissolver as diferenças entre epicurismo e estoicismo, e impor as características semelhantes que já carregavam.

A moral estóico-epicurista do período renascentista é considerada muito diferente daquela dos tempos antigos. A idéia de virtude ganharia uma conotação diversa, seria vista como um fim em si mesma e teria perdido o individualismo anterior. Alberti, pensador renascentista, é citado por Heller como exemplo daqueles que, assumindo o ateísmo, colocam em seus ombros a responsabilidade que antes era atribuída aos deuses. A ética, então, deixaria de ser o caminho que afasta o homem do mundo, mas aquele que o traria de volta.

Na obra mencionada, Heller vai trabalhando sucessivamente com autores e obras, no intento de mostrar o interesse social e o repúdio à passividade dos autores renascentistas. O eventual retorno ao individualismo e quietismo é explicado como resultado de uma conjuntura histórica demasiado complexa e difícil, em que a interferência parecia impossível ou inútil. Para ela, as marcas do novo estoicismo-epicurismo só se estabeleceriam em fins do século XVI ou já no século XVII.

Não nos foi possível, entretanto, perceber aquilo que pretendia ser demonstrado. São aproximadas duas épocas diferentes, mas igualmente conturbadas, a desagregação da pólis grega e o emergir da modernidade. Não é difícil explicar que, nos estágios de grande ebulição, surjam doutrinas que ofereçam ao homem refúgio na interioridade, no individualismo e conformismo. Não é difícil explicar, igualmente, a grande aceitação que semelhantes teorias possam ter em tais circunstâncias. Evidentemente, a evolução das mesmas não será igual em períodos tão díspares. Na Grécia, representaram um refúgio para a lucidez que pretendia preservar a serenidade e a dignidade. No Renascimento, a questão se processou de outra forma. Na medida em que o novo mundo se configurou, os caminhos surgiram, as angústias se diluíram e foi possível tomar, mesmo do ponto de vista teórico, uma orientação construtiva em relação ao futuro. Portanto, o que é apresentado como uma nova doutrina estóico-epicurista se nos afigura melhor, como sendo o abandono do estóico-epicurismo.

E quanto ao seu ressurgimento hoje, nestes tempos obscuros em que nos foi dado viver? A própria Heller caracteriza bem esse momento.

> "Em um intervalo muito curto vivemos o final da ideologia, o final da religião, o final do marxismo, o final da cientificidade, o final do evolucionismo" (Heller, 1989:153).

Tal é o ambiente ideal para a eclosão disso que poderíamos chamar de estoicismo-epicurismo pós-moderno, ou da crise da modernidade. Em um mundo marcado pela angustiante consciência da contingência, que atinge não apenas o homem, mas também as instituições e as teorias, o sujeito pode ainda "estar satisfeito com a vida", desde que dentro de certos parâmetros. Em primeiro lugar, é necessário que cada um faça a opção existencial de ser uma pessoa honrada; é preciso ainda que cada um apresente um sério empenho em "converter seus dotes em talentos" e que busque construir pelo menos uma relação profunda com outra pessoa; por último, não deve o sujeito furtar-se a: "grandes momentos de gozo e realização completos, momentos de felicidade e de arrebatamento" (Heller, 1989:196).

É este o estoicismo-epicurismo que Heller apresenta como saída moral para a "nossa era" e que, segundo ela, apesar das mudanças, guarda a característica fundamental que já lhe era peculiar na Antiga Grécia, a marca da racionalidade.

> "O elemento constantemente vivo, tanto no estoicismo como no epicurismo, é aquele de uma conduta racional de vida. Mudanças na reconstrução teórica do mundo, nas atitudes da razão teórica, até nas mudanças substanciais da estrutura social e no conhecimento destas estruturas, não tiveram nenhum impacto na relevância do núcleo do estoicismo e do epicurismo. Esse núcleo foi e continua relevante, dos antigos gregos a Rosa Luxemburgo. Estoicismo e epicurismo sugerem uma ética que satisfaça as exigências de nossa época, pois exige o caráter racional para-si como fonte de todas as nossas ações" (Heller, 1989:237).

Outra marca dessa moral é a afirmação da liberdade pessoal que Heller interpreta como caráter racional para-si, cuja realização liga à possibilidade da democracia e o desenvolvimento da única virtude que, a seu ver, a democracia fez surgir até o momento: a coragem civil. Apesar de tudo isso, nega terminantemente que, para ela, o problema social e político só possa ser solucionado passando pelo caminho da ética.

É, porém, muito difícil, depois de seguir a argumentação da filósofa, não concluir que, acredite, será preciso primeiramente mudar os homens, para que, depois, a sociedade mude. Talvez, por não aceitar claramente os termos dessa proposta, suas indicações de caminho tornem-se confusas. Não nos é possível deixar de pensar na terceira via proposta pela Igreja. Esta, devemos dizê-lo, dentro de uma perspectiva de maior coerência.

Diante de tal quadro, não é tarefa simples visualizar na proposta de Heller indicações para a solução dos problemas atuais. Suas referências a um possível socialismo democrático são por demais vagas. Constata a autora que são três as lógicas que comandam a vida contemporânea: capitalismo, industrialização e democracia. Constata, além disso, que as duas primeiras penetram a vida cotidiana com muito maior intensidade que a última, mas não aponta caminhos para inverter uma tal situação, a não ser os de reforma moral.

Capítulo III

TEORIA DAS NECESSIDADES

Ainda que nossa proposta seja analisar alguns aspectos da teoria de Heller, sobretudo na fase atual, é necessário retroceder ao período anterior, quando se trata do esclarecimento de alguns de seus conceitos. É este o caso, no que se refere ao conceito de necessidades. Sua atualidade, no universo teórico da filósofa, é inquestionável, mas só poderá ser bem entendido se forem levadas em conta suas raízes, fincadas na fase anterior.

Em conferência proferida na PUC, a 13 de maio de 1992, *Uma teoria das necessidades revista (A theory of needs revisited)*, reafirma o interesse pelo tema e o recoloca com algumas alterações.

> "Em meu livro *A teoria das necessidades em Marx* eu defino necessidades radicais em três termos: 1) elas não são quantitativas e permanecem inquantificáveis; 2) não podem ser satisfeitas em um mundo baseado na subordinação e superordenação; 3) levam as pessoas a idéias e práticas que abolem a subordinação e superordenação. Eu ainda acredito que as necessidades radicais existam e possam ser descritas nestes termos. O que rejeito é a temporalização das necessidades radicais no projeto da grande narrativa".

O que Heller nega é, portanto, a utilização da *teoria das necessidades radicais* no âmbito de uma filosofia da história em que elas seriam a própria mola para a revolução. Está fora de cogitação que o sistema sócio-econômico da modernidade possa ser totalmente negado e substituído por uma situação de liberdade onde não existam hierarquia de dominação ou conflitos sociais. Acredita que um tal projeto representaria a combinação do messianismo com a idéia do progresso necessário e infinito, ambas "ilusões perigosas" que devem ser totalmente abandonadas. Em resposta a uma questão que lhe foi dirigida, ainda na mencionada conferência, Heller declara que a construção do paraíso é impossível. Podemos apenas tentar melhorar as coisas. O máximo que nos é lícito esperar constitui-se na diminuição da distância entre as necessidades e a possibilidade de sua satisfação.

Atualmente, Heller caracteriza a necessidade radical pela natureza puramente qualitativa de sua satisfação, bem como pelo fato de representar uma forma de manifestação singular e idiossincrática.

> "As necessidades radicais são aquelas cuja satisfação é puramente qualitativa; nesse sentido, necessidades radicais não representam uma nova categoria. Enquanto que as necessidades propriamente espirituais são, por definição, radicais, dado que não podem ser satisfeitas quantitativamente, todos os tipos de necessidades podem ser satisfeitos de forma qualitativa. O que distingue as necessidades radicais é o fato de representarem a singularidade e idiossincrasia de pessoas e comunidades".

O que faz a diferença entre a visão atual e a anterior de Heller em relação às necessidades radicais é o contexto dialético em que inicialmente estavam colocadas e o atual abandono da via revolucionária como meio de satisfazê-las. Hoje, tais necessidades ainda não deverão ser satisfeitas plenamente numa sociedade superordenada onde impere a subordinação, mas aparentemente o problema pode ser resolvido com ajustes parciais aqui e acolá.

> "As necessidades radicais estão arraigadas na imaginação alternativa, e se expandem na medida em que o faz a imaginação alternativa. As necessidades radicais não substituem necessidade-quantificação, ela as contrabalança. De tal forma que podem proteger o pêndulo da modernidade de extremos, e oscilações extremamente perigosas" (Heller, 1992).

Era bastante diferente a posição de Heller frente às necessidades radicais nos anos 70:

> "Só a luta do sujeito coletivo é capaz de realizar a nova sociedade; sua revolução é radical e total.

Mas, por sua vez, o dever coletivo se realiza necessariamente, posto que o próprio corpo social capitalista gera inevitavelmente as necessidades radicais e seus portadores das necessidades radicais são, por conseguinte, aqueles que podem realizar a teoria radical. Marx busca, então, os portadores destas necessidades radicais e os acha finalmente na classe operária. Fundamenta sua conclusão no fato de que a classe operária é uma classe com cadeias radicais. (...) A classe operária encarna, em conseqüência, as necessidades radicais, posto que não tem objetivos particulares, nem pode tê-los, uma vez que seus fins só podem ser eo ipso gerais" (Heller, 1974:102-105).

Parece-nos que sua concepção, em 1974, refletia de forma ortodoxa a dialética marxiana, para a qual a luta pela satisfação das necessidades radicais do proletariado deveria levar a uma total mudança estrutural que libertaria a humanidade toda. Necessidades radicais seriam aquelas que, engendradas no e pelo capitalismo, dentro dele, entretanto, não pudessem encontrar o caminho para a sua satisfação, direcionando então o processo para a luta e a superação do sistema. Tal raciocínio desenrolava-se dentro de uma perspectiva dialética, ainda que Heller o sublinhe, *não mecanicamente determinista*. Apesar da negação do determinismo, colocava-se sempre no horizonte uma sociedade sem classes.

Atualmente, porém, ao abandonar tanto o materialismo histórico quanto o dialético, em nome de sua oposição aos determinismos simplistas, Heller parece indicar como única saída possível o abandono da visão dialética marxiana e da possibilidade revolucionária. Tal posição leva a autora a desprezar toda e qualquer perspectiva dialética como já vimos no capítulo anterior. Ao querer conservar conclusões tiradas a partir de outras premissas, mesmo que reinterpretadas e redirecionadas, a filósofa perde muito do que havia de consistência e coerência em sua teoria.

1. UMA TEORIA DA PRÁXIS: SARTRE E HELLER

Conquanto não seja capaz de solucionar todos os problemas com os quais hoje se defronta a tradição teórica fundamentada em Marx, parece-nos que *Sartre* oferece uma perspectiva mais satisfatória. As trajetórias opostas dos dois filósofos cruzaram-se em um momento de rara importância, isto é, no esforço de dotar a tradição marxiana de uma teoria do sujeito e de uma teoria da práxis. Ainda que o materialismo dialético se constitua no ponto de partida de um e no ponto de chegada do outro, as ligações entre os dois se nos afiguram como indisfarçáveis. Tais ligações, voltamos a afirmar, nos foram sugeridas pela própria Heller. Quando, por exemplo, questiona a possibilidade que teria o homem de sentir-se satisfeito em uma sociedade insatisfeita, afirma:

> "A segunda vantagem de contemplar a modernidade da perspectiva das necessidades representa em si mesma a possibilidade de combinar dois discursos distintos: o discurso da filosofia social e o discurso da filosofia existencial" (Heller, 1989:163).

Para a compreensão de Heller, portanto, é que nos parece interessante recorrer a Sartre com quem as ligações são, certamente, maiores que poderiam parecer. Leva-nos a essa conclusão não apenas a enorme semelhança temática, mas, ainda, o próprio conteúdo da *Crítica da razão dialética* e o fato de Heller ter estudado o existencialismo na Universidade de Budapest e de tê-lo apresentado como alternativa possível para o marxismo. Isso em 1978, ano que parece decisivo, aquele que marca o início das grandes transformações em sua obra.

> "Precisamente a partir da reforma feuerbachiana, apresentam-se duas vias alternativas, cada uma das quais foi percorrida. A primeira levava ao existencialismo e à filosofia da vida; a segunda, à filosofia radical de Marx" (Heller, 1983:9).

Voltando à questão da teoria das necessidades, afigura-se-nos interessante registrar que é esse um dos temas centrais da *Crítica da razão dialética* de Sartre, cuja primeira edição é de 1960, enquanto que a primeira edição da *Teoria das necessidades em Marx*, de Agnes Heller, data de 1974. Entre as duas obras cabe uma aproximação.

Comecemos pela teoria a respeito do interesse, na qual os filósofos criticam as posições não propriamente de Marx, que buscam interpretar, mas de seus seguidores mais próximos, sobretudo Engels e Lenin. Até onde nos foi possível perceber, a respeito do assunto há poucas diferenças entre ambos.

Diz Heller:

> "O interesse, como motivo da ação individual, não é mais que uma expressão da redução das necessidades à avidez: na generalização filosófica do conceito de interesse se reflete o ponto de vista da

sociedade burguesa. (...) Não podem considerá-lo como um motivo da luta de classes que transcende ao capitalismo, porque referir-se a ele significa eo ipso permanecer dentro do mundo capitalista" (Heller, 1986:66-72).

A categoria interesse seria totalmente desconhecida tanto para a filosofia antiga como para a medieval, sendo criação da filosofia burguesa tanto quando aparece na forma de interesse individual como na de interesse geral. O próprio Marx teria usado muito pouco a expressão interesse de classe, uma vez que tal conceito, já o sabia ele, tinha um caráter fetichista, só fazendo sentido dentro dos marcos da realidade capitalista. Todas as vezes que se apresentasse o interesse como motivação, estaríamos, portanto, diante de uma alienação, produzida pela redução quantitativa das necessidades ou redução das necessidades a aspectos quantitativos. Heller cita o próprio Marx que na *Crítica da economia política* faz a seguinte afirmação:

> "O interesse geral é precisamente a generalidade dos interesses egoístas" (Heller, 1986:73).

Além disso, Marx jamais teria falado em interesses da classe operária, mas apenas em interesses do trabalho assalariado, o que já supõe uma realidade de exploração e de alienação.

Sartre faz uma análise mais profunda da categoria interesse. Para ele:

> "O interesse é o ser-inteiro-fora-de-si-em-uma-coisa enquanto condiciona a práxis como imperativo categórico" (Sartre, 1960:261).

A atividade do homem em si mesma não tem interesse algum, tem apenas necessidades, desejos; é projeto. A categoria interesse surge unicamente em situação de escassez, quando a vida está em jogo e se afirma como violência. Interesse é, portanto, uma determinada relação do homem com a coisa em determinado contexto social. É a violência do meio que determina no homem uma tal motivação.

> "Como caso extremo, na estrutura de interesses, os homens se consideram como uma soma de átomos ou como um sistema mecânico e sua práxis se dispõe a salvar seu ser material em um conjunto inorgânico apreendido como totalidade. A relação de interesse comporta, pois – ao nível de interesse individual –, a massificação dos indivíduos enquanto tais, e sua comunicação prática através dos antagonismos ou das conveniências da matéria que os representa" (Sartre, 1960:263).

Até aqui, a posição de Sartre é a mesma de Heller. São tirados do mundo capitalista os exemplos de que se serve para ilustrar a situação. O homem alienado vive como coisa entre coisas. Apesar dessa constatação na realidade existencial, acredita não ser possível concluir daí, como faz a filósofa, que a relação de interesse seja própria unicamente desse tipo de sociedade. Em outras sociedades, desde que se reproduzissem as condições de escassez e violência, a relação interesse poderia surgir.

São idênticas as opiniões de Sartre e Heller quanto à impossibilidade de se encontrar explicação para a luta de classes no jogo de interesses. Tal dedução, de acordo com Sartre, implicaria em se admitir que a existência de interesses opostos entre os homens e as classes é que gerariam os conflitos, quando na verdade são os conflitos os responsáveis pelo aparecimento de interesses diversos. Optar pela lei do interesse, diz ele, seria optar pela lei darwiniana da "luta pela vida", de acordo com a qual as relações humanas são a priori e, por natureza, antagônicas. Seria admitir o materialismo biológico ao invés do materialismo histórico.

Na obra *Teoria das necessidades em Marx*, Heller basicamente limita-se a mostrar a incidência do conceito de necessidade na obra do mestre, buscando ressaltar sua preferência por este, em detrimento do conceito de interesse. Nos trabalhos mais recentes, sua atenção está concentrada nas carências do homem atual, ficando o leitor em suspenso quanto aos fundamentos do conceito de necessidade. Não quer isso dizer, entretanto, que já não se ocupe dos carecimentos ou que considere o tema como algo de menor importância.

Diz Heller a respeito do assunto:

> "Desde o meu livro sobre a *Vida cotidiana*, escrito em meio aos anos sessenta, até meu último volume, *Pode a modernidade sobreviver?*, eu tenho constantemente reproblematizado e rediscutido o conceito de necessidades. Em todos esses escritos exploro um ou outro aspecto do problema. Meu interesse é ao mesmo tempo de natureza teórica e prática" (Heller, 1992).

Ao contrário de Heller que não vai além de buscar desenterrar da obra de Marx o conceito de necessidade, ou de fazer a descrição do fenômeno,

Sartre procura explorar e analisar não apenas os fundamentos, mas também as implicações da opção por tal conceito. A essa discussão dedica boa parte de sua *Crítica da razão dialética*.

Agnes Heller, em 1974, acreditava que, apesar de jamais haver definido o conceito de necessidade, Marx o teria usado como fundamento para as definições sobre as quais teria apoiado suas grandes descobertas no campo da economia, que seriam as seguintes:

> "1) o trabalhador não vende ao capitalista seu trabalho, mas sua força de trabalho;
>
> 2) elaboração da categoria geral da mais-valia e sua demonstração (benefício, salário e renda do solo são formas fenomênicas de mais-valia);
>
> 3) descobrimento do significado do valor uso" (Heller, 1986:21).

Então, de acordo com suas necessidades, o trabalhador venderia sua força de trabalho, valor uso. Esta, por sua vez, seria geradora da mais-valia, representante das necessidades do capital que, sendo responsável pela divisão do trabalho, proporcionaria as condições para a multiplicação das necessidades.

Sartre, ao contrário, preocupar-se-á em buscar as raízes da experiência da necessidade que percebe como vivida em situação de escassez, fato que a condicionaria e determinaria. A história humana até o momento, não teria passado de uma luta contra ela. Pensa, por outro lado, que estabelecer as ligações entre a história da humanidade e a escassez é colocar-se de acordo com o materialismo histórico, que já teria explorado o assunto à saciedade. O que ainda devia ser explorado, é o efeito que a materialidade tem sobre os homens, na medida em que lhes rouba a finalidade e aliena a práxis. Repudia aquele que denomina marxismo simplista por julgar que ao homem cabe apenas a luta contra a natureza, quando deve enfrentar também a contradição de sua própria práxis, transformada em antipráxis.

Para o filósofo, a história está circunscrita ao âmbito da escassez e é justamente a luta contra essa realidade que dá à aventura humana os seus contornos e, sobretudo, delimita suas possibilidades. Não explica, entretanto, toda a história humana a partir da escassez, reconhece outros fatores como determinantes. Ela, contudo, se apresenta como a tensão constante entre o sujeito e sua circunstância, de tal forma que as relações do homem com o meio, ou as relações entre os homens, são sempre levadas a efeito frente à escassez, sendo que a prática humana a interioriza mesmo que pretenda superá-la.

Portanto, para Sartre, desde o início, na escassez, cada homem é colocado frente ao outro, numa relação em que cada um é, para o outro, uma efetiva ameaça. Postas as condições em que a sobrevivência de todos tornar-se-á impossível, deverá a sociedade escolher aqueles que vão sobrar, aqueles que deverão morrer. Quer as providências para tal solução sejam tomadas pelo controle de natalidade, pelo assassinato em massa, pela guerra ou pela subalimentação de determinadas camadas da população, a situação não se altera: para que uns vivam, outros devem morrer, ou, pelo menos, não deverão nascer. A verdade indisfarçável é, portanto, a seguinte: "sou realmente um perigo para os outros". Enquanto tal situação não se alterar, diz Sartre, a escassez será a sombra a dominar toda a práxis humana:

> "Haverá em cada homem e em todos uma estrutura inerte de inumanidade que nada mais é que a negação material enquanto interiorizada" (Sartre, 1960:270).

Devemos daí concluir que, para Sartre, não é o sistema de produção que determina as estruturas sociais, e condiciona a situação humana, mas, ao contrário, esta é produto de uma condição de escassez e necessidade. Tal é a realidade que está por detrás da estrutura do sistema capitalista, mesmo quando sua contradição chega ao ponto de condicionar a destruição de parte da produção para manter o preço, enquanto ao mesmo tempo condena à morte uma parte da população, aqueles que são demais, aqueles que sobram.

Sartre tem consciência de que semelhante postura é contrária, até certo ponto, à visão de Engels e mesmo de Marx a respeito da história.

> "As interpretações históricas de Marx e Engels levariam a crer, se fossem tomadas ao pé da letra, que toda a sociedade goza sempre do necessário (...) e que é o mundo da produção que, por meio de instituições que condiciona, produz a escassez social de seu produto, isto é, a desigualdade de classes" (Sartre, 1960:219).

Se tal explicação fosse verdadeira, realmente a situação se inverteria unicamente a partir de uma transformação no sistema de produção. Entretanto, a coisa não é tão simples. Pode atestá-lo a longa e sofrida luta dos países socialistas contra a escassez.

Sem encarar o negativo na história, pergunta Sartre, como explicar que a divisão social do trabalho, que em si é algo positivo, se transforme em luta de classes, isto é, em algo negativo? Para ele, a única resposta possível é aquela que leva em conta a negatividade como colocada anteriormente, interiorizada pelo homem da escassez e manifestada sob a forma da necessidade que compele a sociedade a escolher seus mortos e subalimentados. A escassez está dada e, por ela, as relações de produção já se estabelecem em clima de desconfiança e temor.

Quanto a Heller, em 1974, na *Teoria das necessidades em Marx*, fica com Marx: considera apenas as necessidades no âmbito do mundo capitalista moderno e logo de saída desconsidera aquilo que Sartre chama de o negativo na história.

> "Vimos já que também a produção da mais valia satisfaz uma necessidade (a necessidade de valorização do capital). Mas, com as necessidades, Marx define também a possibilidade de produção da mais valia. No correr de toda a obra de Marx reaparece constantemente a idéia de que a possibilidade de produzir mais valia se realiza quando uma determinada sociedade é capaz de produzir mais que o suficiente para a satisfação de suas necessidades vitais. Marx, com efeito, não afirma que a produção de mais valia tenha lugar em cada caso deste tipo, mas apenas que não é possível sem este surplus" (Heller, 1986:23).

Posto isso, a questão coloca-se para ela de forma totalmente diversa. Trata-se, então, de necessidades não satisfeitas, mas cuja possibilidade de satisfação existe. A frustração dever-se-á sempre a um sistema perverso que levará em conta unicamente as *necessidades* do capital.

Continuando dentro do âmbito de sua obra publicada pela primeira vez em 1974, veremos Heller preocupar-se, então, em classificar as necessidades, dividindo-as entre autênticas ou alienadas, radicais ou não, tomando-as sempre como originadas no sistema de produção.

> "O desenvolvimento da divisão do trabalho e da produtividade cria, junto com a riqueza e a multiplicidade das necessidades; mas as necessidades são classificadas sempre em virtude da divisão do trabalho: o lugar ocupado no seio da divisão do trabalho determina a estrutura da necessidade ou ao menos seus limites" (Heller, 1986:23).

2. NECESSIDADES RADICAIS E O PÓS-MODERNISMO

Outro ponto ressaltado pela filósofa é a ligação que haveria, tanto para Marx quanto para ela, entre o conceito de necessidade e o valor uso, concepção que traria embutida a condenação de uma visão puramente econômica da necessidade.

O equilíbrio entre as necessidades e sua satisfação apenas seria possível na sociedade de *produtores associados*, na qual as necessidades não se apresentariam no mercado e na qual "os homens participam dos bens conforme suas necessidades, e não se convertem em primárias as necessidades dirigidas a bens materiais, mas as dirigidas às atividades superiores, particularmente dirigidas aos outros homens, entendidos não como meios, mas como fins" (Heller, 1986:26).

Heller, portanto, classifica as necessidades não apenas de acordo com sua origem, mas também segundo os objetos aos quais se dirigem. A classificação que denomina histórico-filosófico-antropológica distingue entre as seguintes categorias de necessidades: as *necessidades naturais*, também chamadas de necessidades físicas ou necessidades-necessárias, e as *socialmente determinadas*, que seriam as necessidades sociais. Reconhece que, na forma da satisfação das necessidades, há a interferência de fatores históricos e sociais. Entretanto, já em 1974, o ponto fundamental da teoria das necessidades em Heller é o conceito de *necessidades radicais*.

Como já foi dito, de acordo com as primeiras obras da filósofa, o capitalismo, como sistema, caminharia inexoravelmente para a sua perdição na medida em que estaria condenado a cada vez mais criar necessidades do tipo que jamais seria capaz de satisfazer. Pois bem, atualmente, ainda que mantenha o conceito de *necessidade radical*, a autora não contextualiza tal conceito dentro do pensamento de Marx e nem mesmo acredita em seu potencial revolucionário. Como ela mesma confessa, houve grande mudança em sua rota:

"O próprio ponto central de minha filosofia tem mudado, lenta mas conscientemente, no caminho de uma profunda modificação da visão marxiana, tomando a direção que podemos chamar hoje de pós-moderna" (Heller, 1992:90).

Ao ler o texto de Heller a respeito da modificação de sua teoria das necessidades dentro da concepção pós-moderna, a impressão que nos ficou foi a de que a autora parte para a descrição e classificação das necessidades sem ter podido, até o momento, providenciar para elas qualquer fundamento. Por outro lado, ao afastar-se da teoria de Marx, abandona também a idéia de necessidades alienadas ou fetichizadas. Para ela, o sistema de produção faz surgir continuamente novas necessidades que, entretanto, devem ser reconhecidas. No mundo moderno, admitir que homens e mulheres não conheçam suas verdadeiras necessidades seria abrir caminho para toda espécie de autoritarismo.

Característica da forma atual das necessidades seria a quantitativa, uma vez que o ato de satisfazê-las, na maior parte dos casos, passaria pela monetarização. Heller não acredita que o dinheiro interposto entre uma necessidade e sua satisfação seja em si um mal. Para ela, como a ciência, o dinheiro não fede. Não devem ser, entretanto, ignoradas as necessidades individuais, que só poderiam ser descritas em termos qualitativos.

De acordo com Heller, as necessidades são hoje alocadas aos vários grupos sociais pelas instituições, de forma quantitativa e monetarizada. Tendo sido abolidos os antigos privilégios de nascimento, as grandes diferenças que atualmente existem entre os homens são referidas à quantidade de riqueza de que podem lançar mão. Isto torna o mundo moderno rico em possibilidades, sendo porém inevitáveis os choques entre as necessidades e as possibilidades de satisfação. No chamado Terceiro Mundo há um enorme fosso entre essas duas realidades, fato que não diz respeito a uma simples diferença entre quantidade e qualidade. Reduzir essa distância seria um dever de justiça, o que, para a filósofa, poderia ser feito se todos tivessem uma condição inicial equivalente ou um mesmo ponto de partida. E, perguntamos, como conseguir isso? Esta é a questão.

Aquela que Heller denomina visão atual da *Teoria das necessidades*, tanto do ponto de vista teórico como do ponto de vista prático, parece bastante inferior à visão anterior. Do ponto de vista teórico, porque não apresenta fundamento algum de sua natureza, constituindo-se numa descrição puramente empírica da carência como fato. Não substitui a teoria de Marx por qualquer outra, pelo menos explicitamente. Do ponto de vista prático, isto é, quanto à solução no sentido de se diminuir a distância entre carências e satisfação, as propostas são de tal maneira vagas, que dificilmente oferecem qualquer pista. Nada se fala a não ser da necessidade de que grupos da sociedade civil reivindiquem direitos.

Cada vez mais se torna clara a idéia explicitada no início do capítulo; a filósofa, ao abandonar a teoria marxiana, abandonou também a perspectiva dialética e, mais que isso, perdeu a consistência teórica.

Negando a possibilidade da alienação das necessidades, mesmo que em nome da liberdade, afasta-se ainda uma vez de Marx e toma postura diametralmente oposta à de Sartre. Para este, a necessidade, marcada pela "falha original" da escassez, traz em si mesma enquanto persistir tal situação, o estigma indelével da alienação. E no momento em que vivemos, tem razão Sartre, estamos longe de poder visualizar um mundo livre da escassez, quer no "horrível Terceiro Mundo", quer nos Estados Unidos onde parece crescer a pobreza, quer na Europa onde os países mais ricos são invadidos por refugiados de todos os tipos.

3. IMPLICAÇÕES SOCIAIS E MORAIS DA TEORIA HELLERIANA

Acreditamos que as questões que acabaram de ser levantadas merecem um aprofundamento. Caminhando ainda dentro da perspectiva das "necessidades" parece-nos interessante investigar um pouco mais detidamente as implicações morais e sociais da postura atual de Heller.

Do ponto de vista da moral, ao lado da opção pelo estóico-epicurismo, é constante em seus escritos a afirmação do princípio kantiano segundo o qual um homem jamais pode ser tomado por outro como meio para atingir seus fins. Mesmo no que se refere à legitimidade das necessidades, afirma que todas elas devem ser aceitas, desde que sua satisfação não implique em fazer do outro um meio. Ainda em trabalhos mais políticos que filosóficos tal preocupação é constante. Em *Anatomia da esquerda ocidental*, afirma:

> "O princípio, enquanto norma abstrata, nos obriga a reconhecer todas as necessidades – com nossa já conhecida ressalva de não se incluir a utilização dos demais como meros meios, ou, em outras palavras, reconhecer todos os modos de vida (com essa mesma ressalva). As pessoas que praticam continuamente o reconhecimento de todos os modos de vida, que estão dispostas a participar em um discurso racional precisamente, praticam esta virtude particular" (Heller, 1985:191).

De acordo com o que diz na *Crítica da Ilustração,* aceita o princípio de Kant tal como ele o propõe, não na *Crítica da razão prática*, mas na *Fundamentação da metafísica dos costumes*. Na primeira obra, pensa Heller, teríamos a exposição de uma ética radical, que careceria tanto da noção de responsabilidade quanto ao ato realizado, quanto da responsabilidade em geral. Concepção mais avançada, seria a marca da *Metafísica dos costumes* e caracterizaria o abandono, por parte de Kant, da moralidade pura. Unicamente a aceitação da responsabilidade permitiria atuar na base do imperativo categórico e, ao mesmo tempo, levar em conta a intenção, o motivo da outra pessoa, bem como fazer o julgamento do outro. Afirma ainda que já o Kant dos anos 80 partia da vida cotidiana burguesa em suas considerações, mas é apenas nos anos 90 que percebe claramente a relação entre moral e política. Só aí consegue ver, por exemplo, que a Revolução Francesa não era apenas um problema político, mas moral, passando, então, a incluir em sua ética valores de conteúdo básico.

Nessa questão somos levados novamente a nos posicionarmos ao lado de Sartre e não de Heller.

Acreditar que, no fim da vida, teria o filósofo abandonado a perspectiva burguesa, transcendendo-a, de forma a determinar valores e preconizar valores numa sociedade utópica, constitui-se na própria deformação de Kant.

Mais respeito demonstra Sartre ao filósofo alemão, negando-o:

> "Não vamos crer, com efeito, que entramos na cidade dos fins e que cada um reconhece e trata o outro, na reciprocidade, como fim absoluto. Isso só seria formalmente possível na medida em que cada um se trate e trate nele a pessoa humana como fim incondicionado. Esta hipótese nos conduziria ao idealismo absoluto: só uma idéia em meio a outras idéias se pode pôr como seu próprio fim. Mas o homem é um ser material em meio a um mundo material; quer mudar o mundo que o esmaga, quer dizer, agir por sua matéria sobre a ordem da materialidade: logo, mudar a si mesmo. (...) De fato, a objetivação, enquanto tal, não é o fim, mas a conseqüência que se acrescenta ao fim. (...) Em conseqüência, na medida em que meu projeto é superação do presente em direção ao futuro, e de mim mesmo em relação com o mundo, trato-me sempre como um meio e não posso tratar o outro como fim" (Sartre, 1960:191-192).

Não nos parece, como quer Heller, que seja suficiente reconhecer as posições e os direitos do outro para que o tomemos como um fim em si. Mesmo quando há igualdade de direitos e respeito mútuo na reciprocidade, toda a ação, toda a práxis, tem um fim, visa a determinada meta para a consecução da qual cada homem se impõe e toma o outro como meio. E é pela ação e na ação que o homem, ao transformar o mundo, se constrói e em certa medida participa da construção do outro. Tal forma de ver, que nos parece ser não apenas a de Sartre, mas também a de Marx, dá a medida do homem que ao transformar o mundo faz a história e constrói-se a si mesmo. Isso acontece quer participemos do projeto de outro, quer o outro colabore na construção do nosso projeto.

Heller propõe, então, um princípio moral, aparentemente uma variante adocicada do princípio kantiano. Tal princípio orientador, fonte de outros princípios, arquétipo da moral, a histórica porque aplicável a todas as teorias morais em todas as épocas é apresentado da seguinte forma:

> "Importe-se com os outros seres humanos, bem como na sua formulação negativa: não prejudique nenhum ser humano intencionalmente" (Heller, 1988:19).

A partir desse, Heller irá deduzindo outros princípios: 1) considerar a vulnerabilidade das pessoas, não ofendendo a elas ou aqueles que elas amem. Não desprezá-las, não envergonhá-las. Além disso, expressar amor, amizade e respeito pelas pessoas; 2) respeitar a autonomia das outras pessoas. Não violar-lhes o corpo ou a alma, não tutelá-las; 3) valorizar o mérito moral dos outros; 4) tentar diminuir o sofrimento dos outros.

Mesmo afirmando que a saída para os problemas da atualidade encontram-se na atuação dos grupos, propondo mesmo em termos morais uma teoria da responsabilidade. Heller não conseguiu, ao menos não ainda, ultrapassar a perspectiva individualista. Trata do indivíduo e das relações entre os indivíduos como se a vivência no grupo nada acrescentasse ou alterasse. Menciona os grupos, refere-se a eles, aponta-os como salvação, mas não os encara em sua realidade. O ser-no-grupo parece escapar-lhe. Sua teoria moral não ultrapassa os limites do individualismo kantiano e, várias vezes, esbarra no perigo idealista ou num existencialismo kierkegaardiano.

Tal limitação fica patente na forma pela qual explica a opção de cada um frente à decência:

> "Primeiro alguém aceita (com um gesto) que deve ser um ser moral (deve ser decente ou bom) e, então, apenas surge a questão – qual é a coisa certa a ser feita por mim? (...) O caráter absoluto do gesto moral inicial repousa agora inteiramente na resolução do indivíduo de ser uma pessoa decente, uma pessoa bondosa. (...) Daí por que, no mundo moderno das existências contingentes, eu entendo esse primeiro gesto (no espírito de Kierkegaard) como uma escolha existencial. Escolhe-se a moral existencialmente, se alguém se escolhe como pessoa boa (ou decente). É depois dessa escolha apenas que uma pessoa pode levantar a questão – qual é a coisa certa a ser feita por mim?" (Heller, 1986: 8-10).

Mesmo levando-se em conta o fato de Heller considerar o homem um ser social e não desprezar a circunstância na qual foi ele "jogado", fica a questão: em que momento se dá essa opção "inicial" pelo bem, que se mostra tão definitiva? Por outro lado, por que fundamentar tal escolha em Kierkegaard, para quem tal opção tem um caráter essencialmente religioso? Dificilmente poderíamos encontrar algo mais individualista e distante das preocupações sociais que a teoria de Kierkegaard. Fica, então, a pergunta: por que teria optado por tal modelo? Por que teria Heller escolhido Kierkegaard ao invés de optar por Sartre, quando é este último que faz o esforço para levar em consideração simultaneamente os condicionamentos e a opção?

Deve ser reconhecido o inegável parentesco entre a teoria das necessidades de Heller e aquela proposta por Sartre dez anos antes. A filósofa, entretanto, num primeiro momento, pretendendo manter-se fiel a Marx, tal como o interpretava, optou pela negação da escassez fundamental nas relações do homem com o mundo e dos homens entre si. Situou a origem das necessidades na injustiça do sistema de produção. Ficou, já então, com a interpretação mais pobre. Hoje, tendo abandonado Marx, manteve a teoria das necessidades. Constata, porém não fundamenta.

Capítulo IV

HELLER: FILOSOFIA, MORAL E EDUCAÇÃO

Retomaremos inicialmente alguns momentos da trajetória intelectual de Heller. Desde 1970, quando ainda na Hungria, a filósofa mostrava-se atraída pela temática do indivíduo e pela reflexão ética. Era caminhando nessa direção que pretendia construir e marcar sua contribuição à teoria marxista. Não supunha, entretanto, que estivesse inaugurando tal preocupação. Para ela, o indivíduo sempre estivera no centro das indagações de Marx. Por outro lado, considerava relevante o trabalho de Lukács no campo da moral. Nesse período, acreditava estar de acordo com a ortodoxia marxista, sendo constantes as reafirmações tanto do materialismo dialético quanto do materialismo histórico. Tinha o proletariado como a ponta de lança do processo histórico e confiava no papel das massas.

Apesar de tais afirmações, as obras de Heller dessa época trazem marcas semelhantes àquelas que mais tarde porá em destaque nos escritos de Lukács para denunciar uma visão religiosa do marxismo. Ainda que negasse a necessidade das verdades eternas, incluindo não apenas as revelações religiosas como também as teorias metafísicas, fazia em relação ao proletariado afirmações que só poderiam ser originadas em um ato de fé: essa visão proletária de mundo, além de ser a mais progressista, seria, além de tudo, a mais objetiva.

Com a saída da Hungria inicia-se uma nova fase. Ao confiarmos em seus depoimentos atuais, devemos considerá-la já afastada definitivamente da teoria marxiana. As obras desse período, entretanto, apesar de apontarem em tal direção, indicam que a filósofa não tinha exata consciência do caminho que tomara. Suas posições são sempre respaldadas em falas de Marx ao qual parece fazer questão de permanecer fiel, desde que possa selecionar e interpretar escritos.

1. PROLETARIADO E REVOLUÇÃO

Transformação importante que pode ser já notada nesse período refere-se ao sujeito da história que já não é necessariamente o proletariado, mas todo o grupo portador dos carecimentos radicais:

> "Sim, Marx, por um lado, construiu filosoficamente o sujeito da história, o proletariado, ao qual atribuiu

a direção do processo revolucionário. Por outro lado, explicitou uma teoria segundo a qual o desenvolvimento das forças produtivas, quase como uma espécie de necessidade natural, levaria à superação da sociedade capitalista. Nessa última acepção, como já dissemos, o sujeito histórico, na realidade, não tem nenhum espaço: cumpre sempre o papel de parteira, aliviando as dores do parto. Creio que a teoria dos carecimentos apresenta, em comparação com essa contradição, algumas vantagens. Por um lado, com as duas teorias precedentes, funda sua possibilidade sobre a realidade: os carecimentos radicais estão presentes e, portanto, o futuro é deduzido a partir de realidades existentes. Ao mesmo tempo, porém, recusa a construção filosófica do sujeito revolucionário. Com efeito, a teoria nos diz apenas que todos os estratos sociais que expressam crescimentos radicais podem tornar-se sujeitos de transformação revolucionária" (Heller, 1979:133).

Heller acusa Marx de estabelecer um sujeito para a história e, contraditoriamente, encerrá-lo em um esquema fechado e determinista, preso às leis do desenvolvimento das forças produtivas. A superação proposta para tal contradição é radical, uma vez que nega não apenas o determinismo, mas também o papel redentor do proletariado. Permanece entretanto fiel ao ideal revolucionário, que reafirma. Que significará em Heller uma tal postura? Para responder essa questão, faz-se necessário que examinemos mais de perto aquilo que a filósofa entende por revolução.

A primeira característica, daquela que chama sua opção revolucionária, seria o não abandono da perspectiva do indivíduo, postura que pretende compartilhar com Marx. Tendo escolhido como o *seu Marx* aquele preocupado com as liberdades individuais e profundamente sensível à dimensão ética da realidade, Heller procurará minimizar constantemente a importância dada por ele ao proletariado. No artigo *A herança da ética marxiana*, de 1982, estará empenhada em provar que os intérpretes de Marx erraram ao afirmar que ele teria admitido uma superioridade moral do proletariado quando, era sua opinião, toda a moral de classe seria necessariamente alienada, tanto que a "missão" que Marx atribui ao proletariado é política e não moral.

A revolução é que parece ter, antes, um papel redentor para Heller. Através dela, o proletariado deveria mudar o mundo, na medida em que mudasse a si mesmo e às outras classes. De acordo com a filósofa, mesmo Lukács equivocou-se nesse aspecto. Para ele, diz Heller:

> "O proletariado e o partido comunista devem estar moralmente acima do resto do gênero humano, para cumprir com propriedade o seu papel histórico. É assim que surge em Lukács a insistência nos princípios morais. Dado que Lukács sustentava a teoria pela qual a ruptura para a sociedade comunista é uma necessidade histórica, uma opção real restava: a convicção da correção substancial dos atos do proletariado e do partido. Nesta base uma fé cega tomava o lugar da compreensão e da reflexão" (Heller, 1982:124).

Heller, que não pensa da mesma forma, ou melhor, já não pensa da mesma forma, aponta o aspecto religioso da teoria de Lukács que *deificava o proletariado e o partido comunista.*

Então, resumindo, o proletariado não é o sujeito da história e nunca teria sido considerado por Marx portador de qualquer superioridade moral; pensar o contrário seria incorrer em idealização. As massas, entretanto, isto é, os grupos portadores de necessidades radicais, têm, de acordo com Heller, a capacidade de selecionar as teorias adequadas às suas necessidades e, mais ainda, de promover a revolução. A confiança no meio revolucionário continua firme, ainda que a possibilidade de eficiência fique restrita aos países desenvolvidos.

E que revolução é essa que se espera dos grupos portadores de necessidades radicais? Em *Anatomia de la isquierda occidental*, obra de 1985, Heller enfrenta essa discussão, condenando aqueles que sustentam a oposição entre reforma e revolução. Tal fato decorreria da confusão entre revoluções que *explodem* (ex.: Revolução Francesa) e revoluções que *ocorrem* (ex.: Revolução Industrial). Entende revolução como mudança radical que pode ocorrer de forma abrupta e violenta ou não. Aliás, diz ela, para que uma revolução que explode seja eficaz, a ela devem seguir-se uma série de reformas, ou, em outras palavras, uma revolução que ocorre. Acredita, ainda, que a preferência pelas revoluções que explodem seja conjugação de dois mitos: o *mito da revolução* e o *mito da violência*.

A argumentação de Heller deixa clara a opção reformista e a ligação que estabelece entre revolução e violência é profundamente falaciosa. Heller dá a impressão de identificar revolução e terrorismo. Não se trata aqui de negar a violência revolucionária, a qual, entretanto, se justifica diante de uma situação de injustiça (igualmente violenta), que não possa ser rompida de outra forma. Frente às afirmações de Heller, somos, então, compelidos a questionar: que tipo de violência a preocupa? Pelo que nos foi dado perceber, a filósofa refere-se unicamente à violência instrumental, esquecendo-se da violência estrutural. Encara a violência do ponto de vista político e assume posição contrária à de que ela seja tomada como instrumento válido de transformação.

A concepção que adota, tanto em relação à estrutura da sociedade quanto em relação às possibilidades de mudança, marca a grande distância que se vai estabelecendo entre Heller e o marxismo em geral. Apesar de não termos condição de neste trabalho desenvolver o assunto, acreditamos pertinente deixar as questões: de que Marx estará Heller se afastando? Da visão lukacziana de Marx ou da própria teoria de Marx? Qualquer que seja a resposta, entretanto, está claro, mesmo para Heller, que hoje nada a prende a marxismo algum. Quais serão então, na atualidade, os pressupostos teóricos de suas afirmações? Vejamos o que pode ser dito nesse sentido a partir das conclusões dos capítulos anteriores.

2. AMOR, O LIMITE DA RACIONALIDADE

Marca forte de sua produção é a tentativa de encontrar soluções para os problemas do momento, no passado, sobretudo na antigüidade grega. Como discutimos no segundo capítulo, a utopia de Heller é hoje a "volta da razão para casa". A construção da racionalidade constitui-se num retorno, sendo que a razão desviada e perdida já teria ocupado um dia o seu lugar. Cumpre, portanto, empreender o caminho de volta, seguindo a trilha da interioridade. É coerente, portanto, que Heller busque seus modelos na filosofia antiga e que, como paradigma da moral contemporânea, proponha o estóico-epicurismo. Coerente não significa, entretanto, adequado, o que já foi igualmente discutido no segundo capítulo deste trabalho.

Peculiaridade de sua análise da razão é ainda o fato de que os problemas racionais não encontram solução no campo da racionalidade. Os desafios à razão apenas serão aceitos na medida em que o exercício racional for presidido pelo amor. Recusamos tal postura teórica sem que estejamos, entretanto, dispostos a deificar a razão ou tomá-la como fonte única para a solução de todos os problemas humanos. Acreditamos, apenas, que, para as questões da razão, deve ser possível esperar uma solução de ordem racional. Pensar de outra forma seria optar pela falência da razão, pelo irracionalismo. Em função do exposto, torna-se difícil acreditar na ênfase que Heller pretende dar às soluções racionais e à moral cunhada na racionalidade.

Ainda a respeito do problema referente ao papel da razão e da filosofia, que Heller coloca, sem entretanto resolver, acreditamos importante lembrar a afirmação de Hegel, com a qual o filósofo se opunha às tendências vagamente religiosas e românticas de sua época:

"A filosofia deve guardar-se de ser edificante" (Hegel, 1974:15).

Contemporaneamente, respeitadas as diferenças, vamos encontrar em Habermas uma preocupação semelhante, marcada pela intransigente defesa da racionalidade. No artigo *Consciência moral e acción comunicativa,* aliás, quando classifica as formas atuais daquilo que denomina *abolição da filosofia*, descreve um tipo de pensamento que porta características muito próximas às que encontramos nos escritos de Heller. A autora estaria bem entre os representantes da *forma salvífica* de abolição da filosofia, constituída pela desqualificação da mesma, acompanhada de reafirmações da necessidade de conservá-la.

De acordo com Habermas, tais filósofos (assim como Heller) inspiraram-se na Antigüidade, em busca de velhas verdades e por meio de

> "uma apropriação transformadora manejam textos que deveriam representar conhecimentos como fontes de iluminação e revelação" (Habermas, 1991:22).

Essa atitude implicaria, por parte da filosofia, em abandonar para a ciência o âmbito da racionalidade propriamente dita, assumindo, pelo menos de forma implícita, uma divisão de tarefas que reservaria aos filósofos apenas o campo da "crença filosófica, da liberdade existencial, do mito, da educação, etc.". A preocupação com a prática substituiria o desejo de verdade, como se não fossem complementares e sim excludentes os dois campos e como se fosse possível salvar a filosofia por outros caminhos que não os da racionalidade.

3. FILOSOFIA E EDUCAÇÃO

Já nos referimos, na introdução do trabalho, ao interesse que pesquisadores brasileiros dessa área vêm manifestando pelos estudos no campo da cotidianidade e em decorrência pelas propostas de Heller. Voltamos a discutir o assunto no segundo capítulo, quando tratamos do papel das instituições, entre as quais a família e a escola. A propósito, devemos lembrar que, segundo a filósofa, não podem as instituições fugir a seu papel de mantenedoras do *status quo*. São as guardiãs de uma ordem social de domínio, produzem o homem especializado e legitimam as normas-e-regras da esfera das objetivações em-si. O cotidiano da escola, portanto, jamais deverá ser encarado como possível fonte do novo e do criador. Há que ser abandonada qualquer esperança de movê-lo em tal direção. Os assuntos referentes ao tema apenas elucidariam as formas de perpetuação da injustiça. Estaria o educador preso a um esquema essencialmente reprodutor do sistema. Apesar de não se deter em análises da escola, Heller aponta inexoravelmente para o reprodutivismo.

Em decorrência do que foi dito, resta-nos perguntar ainda se, num plano mais geral, em relação aos fins e meios da educação terá Heller alguma contribuição. A questão se coloca, sobretudo, porque é quanto a tais aspectos que os estudiosos da área, tradicionalmente, costumam socorrer-se dos trabalhos filosóficos. Mesmo sem pretender para a filosofia o papel de "acomodadora" da educação, capaz de apontar seus fins em decorrência única da análise de uma suposta natureza do homem e da sociedade, acreditamos que seja ela elemento importante e mesmo imprescindível em qualquer reflexão profunda a respeito do assunto.

O papel da filosofia será o de preservar, a cada passo, a racionalidade. Para tanto se faz necessário que renuncie à posição de superioridade de que muitos quiseram investi-la e alguns ainda lutam por preservar. Severino tem dessa realidade uma percepção muito clara:

> "Não há dúvida, entretanto, que, também nesse sentido, a tradição filosófica no campo educacional, o mais das vezes, deixou-se levar pela tendência a estipular valores, fins e normas, fundando-os apressadamente numa determinação arbitrária quando não apriorística, de uma natureza ideal do indivíduo e da sociedade" (Severino, 1990:22).

O lugar da filosofia já não será o de soberana que, dado o primeiro impulso, se afasta e, posto o último resultado, vem cobrar. Deverá ela constituir-se em companheira e mediadora nas diversas fases do processo, e tanto mais importância ganhará quanto mais capaz for de fundamentar a reflexão em termos racionais.

Dentro de tal linha de raciocínio, importante se faz notar a contribuição de Warde, que, alertando contra o perigo da positivização, reafirma a filosofia como aquela que "opera a crítica e induz à reflexão". Já não se trata das falácias do essencialismo mas das imposições do positivismo que oferece à filosofia duas únicas saídas: enquadrar-se dentro do novo conceito de ciência ou morrer. É a filosofia convertida novamente de soberana em serva. Não mais como na Idade Média, em serva da teologia, mas do novo espírito científico.

Devem, ainda, aqueles que se aproximarem da filosofia, buscando subsídios para aprofundar a reflexão a respeito da educação, acautelar-se ainda, contra o irracionalismo. Tal forma de pensar ganha espaço atualmente, está embutida na maioria das propostas da pós-modernidade e chega muitas vezes a apresentar-se como paladina da racionalidade. Nesse sentido, acreditamos importante, ainda, lembrar Warde:

> "Faço coro com aqueles que entendem que duas tarefas indissociáveis estão no horizonte imediato da filosofia e que, do seu enfrentamento, dependem as possibilidades de sua sobrevivência: a crítica radical ao cientificismo positivista e o combate corrosivo aos irracionalismos que se anunciam superadores do mal-estar de uma civilização construída e a técnica para que ela possa chamá-las à razão" (Warde, 1990:32).

Se é esse o caminho a ser trilhado, Heller se apresenta como pouco credenciada para contribuir. Ao subordinar a racionalidade ao amor, como já mostramos no segundo capítulo deste trabalho, solidariza-se com as correntes voluntaristas da filosofia, inscrevendo-se entre os herdeiros de uma linha que passa pelo existencialismo, por Santo Agostinho, e desemboca finalmente em Platão, regressivamente. A manifestação maior da razão, que segundo a autora é constituída pela *racionalidade do intelecto* e caracteriza-se pela capacidade de decidir quanto às normas-e-regras, entregue a si mesma, unicamente encontrará a perdição. Só o amor poderá salvar a razão.

Em Heller, mais uma vez, a oposição à razão puramente instrumental ou subjetiva, na terminologia de Horkheimer, levou à própria desqualificação da razão. Nesse refluxo da modernidade, somos ainda feudatários do movimento que, no Renascimento pretendendo libertar da Igreja o indivíduo racional, desembocou no Iluminismo, que não viu a morte da religião mas a da metafísica e o fraquejar da razão objetiva.

Contribuição significativa a se esperar de nossa época seria essa: a de se colocar adequadamente a filosofia e a razão crítica, em relação aos demais campos do saber humano. Livre da servidão que lhe foi imposta na Idade Média e tendo abdicado das pretensões de soberania, que se constituíram na sua marca no início da modernidade, pudesse agora a filosofia amadurecida, finalmente, empreender um trabalho de real parceria, contribuindo para o estabelecimento de relações democráticas, pelo menos no que se refere à construção do conhecimento.

4. A REFORMA SOCIAL E A MORAL

Da concepção helleriana da razão e o afastamento da filósofa em relação a Marx (que a deixou sem sustentação teórica), decorre a pobreza que pode ser notada no estágio atual de sua teoria das necessidades. Hoje, fala ainda em necessidades radicais, mas num sentido bem diferente. Já não se refere às necessidades que, sem qualquer possibilidade de satisfação dentro do sistema capitalista, tornam-se a mola da revolução. Como necessidades radicais entende apenas aquelas que requerem um tipo qualitativo de satisfação. Já não encaminham para a revolução, mas apontam para a necessidade de atividades grupais e aprimoramento moral, possíveis em qualquer tipo de sistema.

Heller, no momento, parece-nos muito mais empenhada em uma cruzada moral que num trabalho filosófico ou científico. Talvez seja esse, de fato, o lugar e o papel que ela elegeu. A revolucionária dos primeiros anos cedeu lugar à reformista que hoje se explicita como pregadora de uma reforma social feita a partir da transformação moral. Seu interesse é despertar as pessoas boas, aquelas que preferem ser ofendidas a ofender, ou, em outras palavras, aquelas que são capazes de oferecer a outra face. Os fundamentos teóricos pouco interessam, uma vez que *todos nós sabemos* que existem pessoas boas e *quais são as ações desejáveis*. Devemos lembrar ainda que a própria opção pelo estóico-epicurismo representa uma tendência nitidamente utilitarista, uma vez que possibilita a opção existencial pela bondade e ainda propicia uma prática socialmente responsável, aliada à conservação do "prazer de viver". E tudo, nesse mundo de extrema contingência e insegurança. Tenta com resultados duvidosos a aproximação entre a decadência da filosofia grega e a crise da modernidade. Reporta-se à Grécia pós-clássica para decifrar o enigma da pós-modernidade. Tem pretensões muito maiores que a dos estóico-epicuristas que se contentavam em preservar a sanidade e tranqüilidade individuais frente à inevitável derrocada do mundo grego, não ultrapassando aquilo que suas premissas permitiam. Com os mesmos pressupostos a filósofa aspira a uma abrangente reforma cultural de cunho socialista.

Terá Heller, com tal posição frente à moral, realizado a pretendida orientação para a práxis nesse fim de século? Acreditamos que não, uma vez que se baseia num hipotético consenso relativo à conceituação de pessoas boas e atitudes desejáveis que se nos afigura absolutamente falso. Ao contrário do que é afirmado por ela, vivemos um momento em que nada, ou muito pouca coisa, se sabe. A proposta de Heller é portanto inadequada, dada a grande crise de valores frente à qual é cada vez mais difícil caracterizar a bondade e encontrar os caminhos. A moral helleriana, que se pretende fundamentalmente racional, nos impele, como aconteceu inúmeras vezes no decorrer desse trabalho, a aproximações com as igrejas cristãs. Não podemos, portanto, deixar de nos referir ao aspecto religioso de seu pensamento, assunto de que já tratamos no segundo capítulo. Para Heller, o cristianismo teria dado solução *simples e adequada* ao problema do amor, chave para as soluções da racionalidade e moralidade: a bondade. A filósofa adere portanto à solução cristã, sem aceitar a ortodoxia correspondente, caracterizando mais uma adesão incompleta. Aceita, igualmente, as premissas racionais do estóico-epicurismo sem a lógica de sua conclusão individualista e a proposta socialista sem os componentes dialéticos e revolucionários. Não admira que haja construído um frágil edifício.

Mostramos, nos capítulos anteriores, a aproximação entre Heller e o existencialismo. De que existencialismo, porém, se trata? Tivemos oportunidade igualmente de indicar a opinião de Heller a respeito de Sartre e a clara preferência por Kierkegaard (capítulo 3). Sua proposta irá se aproximando cada vez mais do existencialismo cristão. Com tais filósofos tem em comum o interesse pelo sujeito, a valorização da moral e da liberdade, a crença na possibilidade de uma opção existencial inicial, pela bondade e, mais, a fé na existência de grande número de pessoas boas e na vitória final das mesmas. Deve-se notar, porém, que a crença no desfecho feliz da luta pelo bem está mais próxima de um Gabriel Marcel que de Kierkegaard, se bem que Heller jamais mencione os existencialistas cristãos. Contenta-se com o precursor.

Heller, com seu *utilitarismo existencial,* mergulha hoje, perigosamente, no indeterminado. Não defendemos a opção por teorias fechadas e, muito menos, por escolhas definitivas, nada seria mais empobrecedor. Afirmamos, entretanto, que neste momento muito maior seria a contribuição da filósofa no campo da reflexão que no da pregação. Para isso, credenciam-na seu profundo conhecimento filosófico e a capacidade de análise e crítica que podem ser de sobejo comprovadas em obras como *Sociologia da vida cotidiana; Aristóteles e o mundo antigo;* e *O homem do Renascimento.* Talvez a ansiedade, no campo da ação e da transformação, seja responsável pelo fato de que, depois do abandono da teoria marxiana, se tenha estabelecido em seus trabalhos um vazio teórico, ainda longe de ser superado.

Apêndice

UMA TEORIA DAS NECESSIDADES REVISTA*

Desde o meu livro *Everyday life*, escrito nos anos 60, até meu último volume, *Can modernity survive*, tenho continuamente reproblematizado e rediscutido o conceito das necessidades. Em todos estes escritos, explorei um ou outro aspecto do problema. A natureza do meu interesse era tanto teórica quanto prática. Minhas especulações referentes à "condição humana" em geral resultaram na minha tematização

* Conferência proferida por Agnes Heller na PUC de São Paulo, em maio de 1992. O texto, originalmente em inglês, *A theory of needs revisited*, foi traduzido para esta publicação por Ann Mary Fighiera Perpétuo.

das necessidades; todavia, uma teoria das necessidades serviria, também, como um veículo para a crítica social. Meu escrito mais conhecido sobre o tópico das necessidades, o livro *The theory of needs in Marx* (*Teoria das necessidades em Marx*), manifesta este interesse duplo. Apesar do livro não conter minha própria teoria das necessidades na íntegra, a interpretação de Marx serviu-me como o veículo para elaborá-la e esclarecê-la. Simultaneamente, o livro tencionava ser uma declaração política contra o então "socialismo realmente existente" do ponto de vista de uma espécie de novo radicalismo de esquerda.

Desde esta época, minha teoria sofreu modificações sobre alguns aspectos por duas razões distintas. Primeiro, como de hábito, tive que defendê-la contra seus críticos; utilizei esta oportunidade para expandi-la e aprimorá-la, e para fazer certas mudanças. Segundo, meu próprio ponto de vista filosófico distanciou-se lenta, porém continuamente, de uma visão marxista fortemente modificada, em direção ao que atualmente chamamos de "pós-moderno". Esta era uma tendência bastante comum entre teóricos e filósofos da minha geração; todos, no entanto, passaram por este tipo de mudança à sua própria maneira. Considerando que a teoria das necessidades jamais foi fortemente ligada à "grande narrativa", após ter abandonado a tradição da filosofia da história hegeliano-marxista, pude desfazer-me destes laços com bastante facilidade. O único aspecto da teoria das necessidades que exigia uma reconsideração séria era aquele das necessidades radicais.

O que apresentarei a seguir é um resumo da minha teoria das necessidades da forma como atualmente se apresenta. Trata-se de um relato mais estrutural que histórico.

* * *

A necessidade é uma categoria social. Homens e mulheres "possuem" necessidades enquanto *zoon politikon*, como seres ou atores sócio-políticos. Suas necessidades, no entanto, são sempre individuais. Podemos compreender as necessidades de cada pessoa; podemos conhecer, se assim desejarmos, o que cada uma delas necessita. Contudo, no que diz respeito aos objetos e à estrutura concreta das suas necessidades, cada pessoa é diferente. As necessidades podem ser situadas entre desejos, por um lado, e carências (necessidades sócio-políticas), por outro. Desejos podem ser exclusivamente pessoais, idiossincráticos; podem permanecer, também, no inconsciente; não podemos saber o que outras pessoas desejam; nem tampouco sabemos exatamente aquilo que desejamos. Diferentemente das necessidades, os desejos não podem ser totalmente verbalizados, às vezes nem aproximadamente. Se alguém me pergunta de que necessito, posso respondê-lo; se alguém me pergunta o que desejo, normalmente, só serei capaz de fornecer uma resposta aproximada. As carências, na outra extremidade da tríade (desejos-necessidades-carências), são abstrações. Quando nos referimos às carências ou necessidades sócio-políticas, estamos falando sobre algo que é "típico". No sentido exato da palavra, ninguém tem carências do mesmo modo que desejos ou necessidades. Não obstante, ainda é legítimo falarmos sobre as carências das pessoas (necessidades sócio-políticas) em termos de necessidades, sem maiores especificações. A necessidade trata-se, aqui, de um conceito genérico. Os desejos manifestam (direta ou indiretamente) nossa relação psicológico-emocional e subjetiva com as necessidades, ao passo que as carências (necessidades sócio-políticas) descrevem uma espécie ou tipo de necessidade que a sociedade atribui ou designa aos seus membros (ou a alguns dos seus membros) em geral. As necessidades são interpretadas e determinadas de ambas as maneiras. Por exemplo, uma necessidade de educação é uma necessidade sócio-política genérica (uma "carência"). É uma abstração que abrange todos os tipos de educação e que abstrai de todos os seus conteúdos, de todas as coisas que aprendemos. Se nos referimos ao indivíduo, como sendo o portador de necessidades, jamais encontraremos "a necessidade de educação", mas uma necessidade concreta para estudar tais e tais coisas ou de ser competente nesta ou naquela profissão. Muitos desejos diferentes podem também estar associados a estas necessidades concretas, entre outros, o desejo de termos sorte durante nossas provas ou de nos depararmos com o professor dos nossos sonhos, e outros dos quais não temos consciência.

Diferenciei entre os três momentos, ou aspectos, das necessidades, tais como as necessidades propriamente ditas, a relação subjetivo-psicológica com as necessidades e a relação social atributiva com as necessidades. Esta distinção tripla assume grande importância na época moderna, apesar disso, se lançarmos um olhar retrospectivo sobre a era pré-moderna, temos razão para crer que os aspectos sempre foram, pelo menos até certo ponto, diferenciados. O patriarca Jacó não necessitava, afinal, somente de uma esposa adequada, ele desejava Raquel. Freqüentemente, no entanto, a diferenciação não era reconhecida. Muitas tensões resultaram do reconhecimento desta diferenciação.

Afirmei que as necessidades sócio-políticas (carências) são abstrações. E o são, de fato, na medida que se referem a alguns tipos ou grupos de necessidades. Certas pessoas reúnem necessidades semelhantes no mesmo grupo, criando uma identidade a partir das diferenças. Outras pessoas identificam a diferença através do fato de diferenciarem um tipo de diferença como uma identidade, e todos os outros tipos de diferenças como não-identidades. Este movimento dual ocorre em qualquer momento quando as necessidades são atribuídas ou designadas. A atribuição ou designação acarreta sempre em um tipo de reposicionamento, redefinição e reagrupamento das diferenças em identidades. Do ponto de vista do processo reprodutivo da designação das necessidades, homens e mulheres não são considerados como portadores de necessidades em geral, também não como portadores de um sistema concreto e único de necessidades, mas como algo intermediário: como portadores de certos tipos de necessidades, de determinados grupos de necessidades. A designação de necessidades é complexa, pois a sociedade necessita distribuir, juntamente com os tipos (espécies) de necessidades, também seus satisfatores. Os satisfatores são também caracterizados e abstraídos, e as duas abstrações normalmente relacionam-se entre si.

Nas sociedades pré-modernas os tipos de necessidades, os objetos de necessidade e os satisfatores das necessidades eram, normalmente, distribuídos de uma maneira estritamente interligada. Nobres necessitavam de um tipo específico de educação, burgueses de outro tipo, mulheres (em geral) ainda outro tipo, e os camponeses nada recebiam além da educação religiosa. Quando uma pessoa nascia, recebia no berço várias necessidades que lhes eram designadas pela sociedade conforme à posição na qual nascera. Diferentemente das sociedades pré-modernas, as sociedades modernas não distribuem necessidades ao nascimento, pois não as relacionam a posições sociais de acordo com sua ordem hierárquica. Em princípio, as necessidades deveriam ser distribuídas segundo um status adquirido. O tipo ideal de uma sociedade moderna requer que homens e mulheres nasçam nus não só fisicamente, como também metaforicamente, dotados com nada mais que a bagagem natural dos seus impulsos biológicos. Nenhuma necessidade social, somente a biológica, pode ser atribuída a simples impulsos. Este vazio é uma espécie de liberdade, a liberdade do indeterminado; em termos formais, esta liberdade significa a possibilidade absoluta. Todavia, no que diz respeito ao conteúdo, esta liberdade nada é, no sentido de que nenhuma necessidade e nenhum satisfator são designados ao recém-nascido desde o início. O tipo de necessidades que será designado à pessoa, o tipo de satisfatores que se espera que ele ou ela ambicione não depende do passado coletivo tradicional, mas do futuro pessoal do recém-nascido. Presume-se que o recém-nascido tenha a possibilidade de escolher entre posições, modos de vida e, dessa maneira, também entre diferentes grupos de necessidades.

De início, a diferença não parece ser decisiva, mas é. Permita-me enumerar algumas mudanças que resultaram de um novo tipo de distribuição das necessidades.

Enquanto as necessidades sócio-políticas permanecem alocadas lado a lado com uma estratificação que se assemelha à de castas e fundamentalmente hierárquica, a qualidade das necessidades permanece como a base da distribuição e distribuição das necessidades. Cada grupo de necessidades e satisfatores e seu conjunto como um todo, quando alocados a membros de uma posição social, são qualitativamente diferentes daqueles que foram alocados a outras posições sociais. Por exemplo, necessidades educacionais alocadas a nobres não são simplesmente mais onerosas ou duradouras (talvez não fossem), porém, absolutamente diferentes das necessidades educacionais alocadas aos burgueses. Até mesmo a maneira como as pessoas devem supostamente se vestir é determinada pelo conjunto de necessidades. Nas comédias (até na Idade Moderna) uma dama que trocava vestidos com sua criada não seria reconhecida como a dama (e vice-versa); a dama não só usava vestidos mais caros, como também completamente diferentes.

Do século XVIII em diante, pelo menos na Europa Ocidental, os antigos hábitos hierárquicos de estratificação foram pouco a pouco, e depois totalmente, ruindo. Simultaneamente, surgiu um novo tipo de distribuição de necessidades. Na percepção moderna, todos nascem livres e são igualmente dotados de razão e consciência à hora do nascimento; nada os legitima a alocar necessidades ao nascerem. Contudo, a distribuição social de necessidades deve permanecer uma abstração. Além disso, as necessidades são designadas a pessoas de acordo com sua categoria grupal, mas estes grupos são atualmente produzidos por instituições. A distribuição acompanha a hierarquia dentro das instituições políticas e sociais.

Considerando que todos nascemos livres e igualmente dotados de razão, e considerando que não herdamos um conjunto de necessidades (e satisfatores) de berço podemos, por este motivo, ascender, assim como descender, a escala hierárquica das instituições políticas e sociais, onde nenhuma qualidade específica pode ser socialmente designada. Enquanto a reciprocidade assimétrica permanecer como a fundação da sociedade, esta distribui de maneira qualitativa diferentes necessidades em grupos. Contudo, considerando que a reciprocidade assimétrica é, atualmente, não o ponto de partida, porém o resultado (e é isto que quer dizer um começo igual ou oportunidades iguais), grupos qualitativamente diferenciados perderam toda a legitimidade. Resta somente uma possibilidade para alocar necessidades de acordo com a posição que as pessoas ocupam na hierarquia social, ou seja, alocar somente os tipos de necessidades em termos qualitativos, porém em uma quantidade completamente diferente. Este é o motivo por que Rawls, ao formular seu famoso princípio-diferença, supõe que existe somente um critério para determinar qual camada social encontra-se em uma situação mais precária – e esta é a quantidade de dinheiro que recebe. A distribuição moderna de necessidades é, deste modo, totalmente quantitativa; e pode ser inteiramente monetizada. É por isto que podemos nos referir a um "padrão de vida". Não havia como comparar o modo de vida de um cidadão livre ao de um cidadão não livre na época pré-moderna; não havia um padrão de comparação comum com o "padrão de vida". O padrão comum – o quantitativo – funciona em uma sociedade onde todas as diferenças se tornaram quantitativas. O tipo ideal de uma sociedade democrática moderna é uma população onde há ricos e pobres, ou pelo menos onde algumas pessoas tenham mais dinheiro que as outras, mas não há nenhum outro fator de diferenciação entre homens e mulheres. O modo de vida, gostos e tudo que pode ser englobado pelo termo "sistema de necessidades" tornam-se idênticos – somente com a distinção que os satisfatores podem ser de maior ou menor valor monetário.

Este aspecto da sociedade moderna foi logo descoberto e visto de maneira pouco simpática. A tradição romântica é uma linha contínua de acusações direcionadas contra a total indiferença da "sociedade burguesa" às distinções qualitativas.

Muitas diferentes manifestações deste descaso foram simultaneamente denunciadas, tais como o igualitarismo, o desaparecimento do refinamento e da beleza, a comodificação de todas as coisas, inclusive da cultura. Como era de se esperar, o poder nivelador do mercado foi considerado responsável pela perda da distinção qualitativa, mas também a democracia, especialmente a "democracia de massa", encontrava-se, igualmente, entre os principais acusados. O primeiro tema era característico de Marx, o segundo de Nietzsche.

Todavia, não só os românticos expressavam suas apreensões quanto à tendência de qualificação de todas as coisas que outrora eram consideradas de maneira qualitativa; também os liberais exprimiram suas profundas preocupações. Kant foi um dos primeiros que esclareceu a relação íntima entre a redução de qualidades a quantidades no sistema de distribuição das necessidades, por um lado, e as forças motivacionais dos homens, por outro. Observa que todos os estímulos concretos podem ser reduzidos a três elementos, como a sede de possuir, o poder e a fama. É desnecessário dizer que as pessoas sempre ansiaram pelo poder, pela fama e pela riqueza; contudo, não por qualquer tipo de poder, fama ou riqueza. Visto que as necessidades eram alocadas a diferentes posições sociais em grupos qualitativamente distintos, uma pessoa que pertencia a uma posição social por nascimento não buscava satisfatores que se encontravam entre o grupo das necessidades alocadas à outra posição social. Deste modo, as pessoas pré-modernas não se esforçavam por "possuir" em termos gerais, mas sim para terem certas coisas concretas, bem definidas e sutis (como, por exemplo, um pedaço específico de terra), preferivelmente escolhido entre o grupo de necessidades relacionadas a uma destacada posição social de respeito. Contudo, para a pessoa moderna prevalece a identidade absoluta = A é A; poder é poder. Aqui todas as diferenças são anuladas na simples identidade da quantidade de coisas. A única questão que permanece interessante para aqueles que ambicionam o poder é a mesma para aqueles que cobiçam a fama ou a riqueza: quanto é necessário?

Apesar do fenômeno da qualificação das necessidades ter sido descoberto no início da Idade Moderna, foi necessário um longo período para que as pessoas compreendessem totalmente a implicação desta metamorfose. Além disso, é uma questão em aberto se já alcançamos um nível de compreensão total até agora. Porém, sabemos muito mais a seu respeito que há cem anos.

De início, atribuir a qualificação das necessidades à comodificação, e a comodificação às atividades do mercado, parecia uma explicação plausível, até plausível demais poderíamos dizer, pois arranhava somente a superfície do problema; e arranhava somente onde não estava, na realidade, coçando. Desde esta época, aprendemos com a história patética e monstruosa de sociedades como a soviética, que a abolição das relações de mercado e de contabilidade não reverte a tendência da qualificação das necessidades; o que ocorre é que a quantidade de mercadorias comerciáveis caem drasticamente e todos os outros artigos comportam-se da mesma maneira. O equilíbrio, todavia, entre os três tipos de necessidades quantificadas ficou seriamente abalado. A necessidade de poder transformou-se na necessidade número um, pois todas as outras necessidades estavam satisfeitas em proporção direta à posição que se ocupava no poder em um universo político totalmente monolítico. Os escassos e restantes satisfatores foram distribuídos unicamente pelos principais detentores do poder; além disso, eram eles que determinavam as necessidades do povo (os grupos sociais); o único padrão de comparação para uma determinação (quantitativa) dessa natureza era a quantidade de satisfatores que estavam dispostos a distribuir entre diferentes grupos. Denominamos este sistema de distribuição de necessidades (com Feher e Markus) de ditadura das necessidades. Sem dúvida que a determinação de necessidades e a distribuição de necessidades por uma autoridade monolítica é a ditadura no seu extremo; especialmente, se a necessidade para dar prosseguimento a uma mera vida biológica, para preservar nossa integridade corporal e simples liberdade pessoal forem, também, distribuídas pelo poder central. E, no entanto, as sociedades soviéticas eram, e permanecem, modernas. O que representavam, juntamente com a Alemanha nazista, eram as piores conseqüências possíveis do mundo moderno. Não devemos nos esquecer que aqui as necessidades não eram alocadas – como em qualquer outro lugar do mundo moderno – de acordo com uma posição herdada de berço, mas de acordo com a posição adquirida por uma pessoa na hierarquia social, neste caso na hierarquia do partido, ou controlada pelo partido. A qualificação das necessidades integrou-se totalmente nas áreas biológica e psicológica, abrangendo tudo.

Experiências sociais e políticas à parte, há uma consciência crescente de que a tendência a quantificar não se limita às mercadorias ou às necessidades humanas comodificáveis. A natureza em si, por exemplo, ou melhor, nossa visão da natureza, tornou-se quase que inteiramente quantificada. Como foi observado por Hans Jonas em seu livro *The phenomenon of life*, antes da ascensão da metafísica moderna e da ciência natural, nosso mundo era cheio de vida; a morte, ou melhor, o corpo morto era uma espécie de exceção. O modelo moderno de natureza é, em comparação, totalmente quantitativo. Os modernos matematizaram a natureza; transformaram a vida em morte. O próprio universo transformou-se em uma necrópole, uma imensa (e infinita) cidade de matéria morta.

Por outro lado, a quantificação do sistema de necessidades possui seus próprios defensores. O dinheiro quantifica, afirmam; porém é, também, um grande igualador. Muitos autores destacaram o efeito libertador da amoedação. Afinal, as relações tradicionais podem ter sido ricas em termos de qualidade mas eram, no entanto, também os elos da servidão. É verdade que as mulheres, nesta época, não ganhavam menos, pois não eram nem ao menos capazes de manter uma vida independente, a menos que a prostituição não seja considerada como uma maneira de ganhar a vida "independentemente". Estamos falando de escravidão. O mundo atual é um mundo de mobilidade. É somente sob as condições da quantificação e da mobilidade social que transforma-se em um fenômeno representativo e contínuo. Mesmo se a ilimitabilidade das chances de homens e mulheres sejam meros fatos do "imaginário da sociedade", pelo menos estão todos firmemente estabelecidos aqui. O mundo moderno ainda é rico em possibilidades que não foram exauridas; o modelo ainda não foi compreendido; isto ainda pode ser feito. Não devíamos ficar sonhando sobre retornar às formas antediluvianas de distribuição das necessidades e satisfações mas, ao contrário, trabalharmos para fazer com que as idéias sobre oportunidades iguais e inícios iguais funcionem. Se isto acontecer, quem iria se importar acerca da quantificação das necessidades qualitativas?

Há uma terceira posição, que não é radicalmente romântica e nem autocomplacentemente liberal, a posição com a qual atualmente me identifico. Esta posição percebe certos méritos em ambas as propostas romântica e autocomplacente liberal. A influência crítica do romantismo-radicalismo não foi perdida, mesmo se muitas das recomendações romântico-radicais se apresentaram fatais, em parte porque não foram capazes de identificar corretamente as fontes da situação moderna, e em parte por outras razões que não podem ser abordadas aqui. Se confirmamos a sociedade moderna, não podemos rejeitar o que há de essencial nela. Temos, simplesmente, que reconhecer a quantificação das necessidades no nível das necessidades (carências) sócio-políticas. E podemos fazer isto sem arrependimentos. Isto significa que devemos aceitar que no caso da distribuição e atribuição de necessidades, estas estão presentes em grupos quantitativos; que são diferenciadas por serem "mais" ou "menos" (mais ou menos poder, mais ou menos fama, mais ou menos dinheiro). O mercado é a instituição necessária para esta distribuição quantitativa; existem outras formas, que são necessárias ou opcionais, como as formas de redistribuição. Quaisquer que sejam as formas que a distribuição de necessidades assuma, em uma sociedade moderna nenhum grupo qualitativamente distinto pode ser constituído ou atribuído. Devemos medir a distribuição de necessidades, assim como a distribuição de satisfatores, em termos do "padrão de vida".

No que diz respeito à distribuição de necessidades (carências) sócio-políticas, há um grande mérito no argumento conservador-liberal; até um certo grau de quantificação, a amoedação realmente nos liberta. Contudo – e é aqui que esta terceira posição insere este "contudo" – não há, necessariamente, nenhum elo entre a distribuição de necessidades sócio-políticas, por um lado, e o atual sistema de necessidades de indivíduos ou até mesmo de grupos de indivíduos, por outro. O primeiro (as carências) não determina o último, mesmo se este (sistema de necessidades individuais) ocorre sob as condições que foram estabelecidas pela própria presença do primeiro. A circunstância que determina que as necessidades sejam quantitativamente distribuídas (normalmente em termos de "quanto custa?") não decide o que os indivíduos (ou os grupos) irão fazer com esta "quantidade", se, ou melhor, como, irão retransformá-la em qualidades. Afinal, sistemas individuais de necessidades (e os sistemas de necessidades de comunidades humanas) não podem ser descritos inteiramente através de termos quantitativos. Na realidade, as quantidades são sempre retransformadas em qualidades, simplesmente porque ninguém come ou bebe dinheiro. O problema não reside na retransformação propriamente dita, porém, na medida do valor do resultado final qualitativamente distinto. Podemos prezar a qualidade unicamente por aquilo que é, assim como pela quantidade que representa. Ademais, o que importa não é a retradução da quantidade para termos qualitativos, mas o sistema de necessidades no qual todas as necessidades se inserem. A mesma quantidade de satisfatores podem ser alocadas a A e a B, e, mesmo assim, A e B podem levar um tipo de vida bastante diferente. A questão crítica em todas as teorias das necessidades se resume a "como" fazer esta distinção.

Fazer esta distinção não contraria a modernidade, porém a abolição do mercado ou do retorno (um tanto fantasioso) à distribuição qualitativa das necessidades certamente é contrária ao mundo moderno. Em comparação, nossa distinção é completamente moderna. Destaquei, anteriormente, que na época pré-moderna os três aspectos do sistema de necessidades (necessidades individuais, desejos e necessidades ou carências sócio-políticas) eram diferenciados mas, no entanto, não adequadamente diferenciados. É a especificidade da modernidade que tornou esta distinção possível e praticável. A questão é se a percepção do caráter triplo das necessidades deveria ser considerada como um fenômeno transitório que marcou a transição da distribuição qualitativa das necessidades a uma que é meramente quantitativa, ou se a distinção tripla permanecerá, ou tornar-se-á ainda mais acentuada. Não é possível ver claramente qual é o caso. Depende, provavelmente, de muitos fatores se estamos – ou não – lidando aqui com um fenômeno transitório, devendo partilhar do profundo pessimismo dos críticos culturais. A terceira posição, a qual adotei, apresenta a possibilidade da longevidade da distinção tripla.

Apresento, a seguir, a situação nova (moderna) das necessidades em dois passos. Discuto, em primeiro lugar, os problemas intrínsecos, internos da distribuição de necessidades sócio-políticas e, em segundo, debruço-me sobre a discussão das formas de vida em vista das possibilidades de preservar alguns dos seus aspectos qualitativos diferenciadores. (...)

Bibliografia

1. OBRAS DE HELLER

a) Livros

* *Cotidiano e história*, Rio de Janeiro, Editora Paz e Terra, 3ª edição, 1989.

Coletânea de ensaios, a obra foi publicada pela primeira vez em 1970, e pertence à primeira fase da autora, fase marxista. É obra de fácil leitura, sendo indicação feliz para aqueles que pretendem iniciar-se no conhecimento da filósofa. Já se desenham nesse trabalho os principais temas da filósofa, como sentido da história, o cotidiano e não-cotidiano, as dimensões moral e política da ação humana, as relações do indivíduo e a sociedade, o lugar da ética no marxismo.

* *Teoría das necessidades em Marx*, Barcelona, Ediciones Península, 2ª edição, 1986.

Levada pelo interesse acerca do homem concreto e sua práxis, Heller procura descobrir na obra marxiana uma teoria das necessidades, subjacente, mas de presença constante. É uma de suas obras mais provocativas, cujo tema central, ainda hoje, se bem que outro ponto de vista, constitui-se em marco do pensamento da autora. A partir da categoria "necessidades radicais" propõe uma releitura de Marx e tenta fundamentar sua própria utopia: uma sociedade de "produtores associados".

* *Hipóteses para uma teoría marxista dos valores*, Barcelona, Ediciones Grijalbo, 3ª edição, 1974.

Trabalho da primeira fase da filósofa, inscreve-se no âmbito da preocupação em estabelecer as relações entre moral e marxismo. Pretende derivar os valores daquilo que chama de "necessidades sociais", de forma a possibilitar uma escolha consciente a partir das reivindicações de classe. Prega a instituição do comunismo como valor universal.

* *Sociologia da vida cotidiana*, Barcelona, Ediciones Península, 1977.

O principal trabalho da fase marxista de Heller. A protagonista deste livro, no dizer da própria autora, é a *personalidade individual,* vista num cenário de objetivações. A respeito dessa obra afirmou seu mestre Lukács: "Agnes Heller consegue dar-nos um quadro conjunto (...) não somente das funções da vida cotidiana, mas a própria vida cotidiana no concreto ser-assim de sua gênese, de seus limites, de seu atuar autêntico". Leitura essencial para quem deseja aprofundar-se na compreensão do tema e da autora.

* *Filosofia radical*, São Paulo, Brasiliense, 1983.

A autora discute, mais uma vez, os temas que lhe são caros, relação entre filosofia e vida, problema do cotidiano, questão das necessidades radicais, revolução. A questão central prende-se ao papel da filosofia para aqueles que pretendem fazer do mundo a pátria da humanidade. A autora conclui: "A filosofia só pode fazer uma coisa: dar ao mundo uma norma e pode querer que os homens sejam capazes de dar à norma, um mundo".

* *Teoría da história*, Barcelona, Editorial Fontamara, 1982.

Obra característica da fase de transição, vivida por Heller, em que ficam patentes ambigüidades e mesmo algumas contradições. Defende a necessidade de uma teoria da história de cunho determinista. Recusa o paradigma da produção como variável independente da história, baseada em sua teoria das *necessidades radicais*. Ainda que considere sua proposta uma forma de materialismo histórico, já vai adiantada na trilha que a afastará de Marx.

* *La revolución de la vida cotidiana*, Barcelona, Ediciones Península, 1982.

Antologia, portando trabalhos de Heller compreendidos entre 1969 e 1976, bem como uma entrevista com a autora. São abordados na obra temas variados: revolução e vida cotidiana, família e comunismo, relação entre os sexos, trabalho sobre ótica da vida cotidiana, a utopia radical.

* *Para mudar de vida*, São Paulo, Editora Brasiliense, 1982.

Trata-se de uma entrevista concedida por Heller a Fernando Adornato em que são discutidas as questões teóricas, marcos históricos como a revolução de outubro e questões da época como feminismo, violência e problemas da juventude. A autora enfoca a crise que o marxismo atravessava e condena a interpretação dogmática da obra marxiana.

* *O homem do Renascimento*, Lisboa, Editorial Presença, 1982.

Obra de caráter filosófico e histórico, uma das mais belas escritas por Heller. Ao perseguir sobretudo a compreensão ética na ótica do estóico-epicurismo, Heller nos dá um panorama interessante do Renascimento italiano. Chama atenção para a revolução que se operou no conceito do homem: "A liberdade, a igualdade e a fraternidade juntas tornaram-se uma categoria antropológica, com o que a humanidade despertou pela primeira vez, como humanidade, para a consciência de si própria".

* *Aristóteles y el mundo antiguo*, Barcelona, Ediciones Península, 1984.

Profunda conhecedora da antigüidade clássica, consta que Heller tenha lido Aristóteles em grego.

Interpreta o filósofo a partir de temas da moralidade, preocupação central da autora. Considera-o como produtor da primeira grande síntese ética à qual vincular-se-á o estóico-epicurismo, apontado por Heller como o modelo mais adequado para a moral dos conturbados dias em que nos foi dado viver.

* *Sobre os instintos*, Lisboa, Editorial Presença, 1983.

Ensaio de antropologia social em que a autora aborda os temas: instintos, teoria das sensações, teoria das necessidades, teoria moral, teoria da personalidade e teoria da história. Analisa as teorias behavioristas e neofreudianas do ponto de vista da interpretação filosófica.

* *Crítica de la Ilustración*, Barcelona, Ediciones Península, 1984.

Coletânea de ensaios produzidos pela autora nos dez anos anteriores à publicação. Analisa diferentes formas de adesão ao projeto da modernidade a partir das obras de Kant, Feuerbach, Kierkegaard, Lukács, Habermas e Marx. Vê a este último como "o filho intransigente da Ilustração que sonhava uma super-sociedade integrada por indivíduos plenamente autônomos".

* *Anatomia de la izquierda occidental*, Barcelona, Ediciones Península, 1985.

Obra escrita em colaboração com o marido, Ferenc Feher. Estudam a atualidade ocidental sob o influxo de três lógicas: capitalismo, industrialização e democracia. Já afastada do marxismo, Heller defende a tese de que o Ocidente deve renunciar à dialética Marat-Hegel-Lenin, segundo a qual a ausência de liberdade serve à liberdade.

* *The power of shame*, London, Routhledge & Kegan Paul, 1985.

Coletânea de trabalhos na qual o primeiro dá o nome à obra. Trata-se de um dos mais importantes entre os últimos escritos da filósofa, sobretudo no que se refere aos artigos: *Paradigma da produção* e *Paradigma do trabalho* e *Vida cotidiana, racionalidade da razão e racionalidade do intelecto*. Tal leitura nos dará bem a medida das preocupações atuais da autora bem como da profundidade de suas discussões.

* *General ethics*, New York, Basil Blackwell Ltd, 1988.

Importante por ser a primeira obra sistemática a respeito da moral, em uma autora cuja preocupação girou continuamente em torno do assunto. Discute os temas clássicos da ética: condição humana, normas-e-regras, responsabilidade, autonomia, liberdade, autoridade, o bem e o mal.

* *Políticas de la postmodernidad*, Barcelona, Ediciones Península, 1989.

Coletânea de artigos assinados por Agnes Heller e Ferenc Feher. O trabalho que melhor caracteriza o clima da obra e tem o sugestivo título: *Sentir-se satisfeito em uma sociedade insatisfeita*, é autoria de Heller. A filósofa, que se diz hoje uma pós-moderna, discute os principais temas da atualidade do ponto de vista da cultura e da política.

* *História y futuro. Sobrevivirá la modernidad?*, Barcelona, Ediciones Península, 1991.

Coletânea de ensaios recentes em que a autora discute o papel das ciências sociais e suas relações com a filosofia. Trata-se ainda dos problemas do sujeito no mundo atual, tais como, as possibilidades de felicidade e liberdade, o empobrecimento emocional, os direitos e a democracia.

b) Artigos e conferências

* *A herança da ética marxiana*. In: História do marxismo, Editora Paz e Terra, 1982, vol. XII, p. 103.

* *A concepção da família no estado de bem-estar social*, Revista Serviço Social e Sociedade, agosto 1987.

* *Il socialismo ha ancora un futuro?* Mondo Operário, octobre 1989.

* *Sociologia como desfetichização da modernidade.* In: Revista Novos Estudos, CEBRAP, São Paulo, 1991.

* *Ripensando le categorie del "politico"*, Mondo Operário, gennario 1990.

* *Decisione come voluntá o come salta*, Mondo Operário, giugno 1990.

* *Uma teoria das necessidades revista (A theory of needs revisited)*, PUC, maio 1992.

* *The elementary ethics of everyday life*, PUC, maio 1992.

* *Modernity's pendulum*, texto fornecido pelos autores, sem indicações bibliográficas de Heller e Feher.

2. OBRAS DE OUTROS AUTORES

Azanha, José Mário Pires. *Uma idéia de pesquisa educacional*, tese (livre-docência), USP, 1990.

Carone, Iray. *De Frankfurt a Budapeste: Os paradoxos de uma psicologia marxista*, Revista Psicologia, USP.

Gramsci, Antonio. *Problemas da vida cultural. A formação dos intelectuais.* In: Obras Escolhidas, São Paulo, Editora Martins Fontes, 1978.

Habermas, Jürgen. *Conciencia moral y acción comunicativa*, Barcelona, Ediciones Península, 1991.

Hegel, Georg Friedrich. *Fenomenologia do espírito.* In: Coleção "Os pensadores", vol. XXX, Editora Abril, 1974 (Esta obra foi também publicada na íntegra pela editora Vozes).

Horkheimer, Max. *Eclipse da razão*, Rio de Janeiro, Editora Labor do Brasil, 1976.

Kant, Immanuel. *Fundação da metafísica dos costumes*, São Paulo, Editora Abril. In: Coleção "Os Pensadores", 1974.

Kierkegaard, Sören. *O desespero humano*, Porto, Editora Tavares Martins, 1979.

Mészáros, Istiván. *A obra de Sartre – Busca da liberdade*, Editora Ensaio, 1991.

Patto, Maria Helena. *A produção do fracasso escolar*, São Paulo; Editora T.A. Queirós, 1990.

Penin, Sonia. *Cotidiano escolar: obra em construção*, São Paulo, Editora Cortez, 1990.

Sartre, Jean Paul. *Critique de la raison dialectique*, Paris, Ed. Gallimard, 1960.

Severino, Antonio Joaquim. *A contribuição da filosofia para a educação*. In: Em Aberto, Brasília, ano 9, n. 45, março/1990.

Valente, W. Rodrigues. *Cotidiano escolar: prática pedagógica e saber docente*. Dissertação de mestrado, PUC, São Paulo, 1992.

Warde, Mirian Jorge. *A favor da educação, contra a positivização da filosofia*. In: Em Aberto, Brasília, ano 9, n. 45, março/1990.

3. ROTEIRO DE LEITURA

Para a compreensão da obra de Agnes Heller é imperioso que se conheça pelo menos um trabalho de cada uma de suas fases, isto é, uma obra anterior a 1978 e outra do período posterior a essa data.

Caso o leitor queira começar por trabalhos de menor complexidade e de mais fácil compreensão, indicamos *Cotidiano e história* (da primeira fase) e *Políticas de la posmodernidad* (da segunda fase).

Tratando-se, entretanto, de uma situação que exija precisão e aprofundamento maiores, a escolha deve recair sobre *Sociologia de la vida codiana* (da primeira fase) e *The power of schame* (da segunda fase).